Cornelia Landensperger · Antje Martin

DIE SCHÖNSTEN AUSFLÜGE

SCHNITZELJAGD DURCH MÜNCHEN

Spielerisch die Stadt erkunden

J. BERG

Inhalt

Das Wildschwein bewacht den Eingang zum Jagd- und Fischereimuseum

Die Isarkiesbänke laden zum Spielen ein

Einleitung

In unserem Buch »**Schnitzeljagd durch München**« führen dich viele Fragen zu den Sehenswürdigkeiten der Stadt. Auf spannende Weise erfährst du Interessantes über die Geschichte Münchens und die »G'schicht'ln« drumherum. So treffen wir zum Beispiel die diebische Elster, sehen uns den Teufelstritt an oder bestaunen das erste beheizbare Hallenbad der Welt.

Im Zickzack vom Marienplatz zum Isartor wandern wir durch den Stadtteil Graggenau. Die alte Residenz, der sogenannte Alte Hof, liegt ebenso auf unserem Weg wie mittelalterliche Bürgerhäuser, königliche Hoflieferanten oder das kuriose »Musäum« im Isartor. Weißt du, was ein Ohrwaschlhaus ist? Hier kannst du es erfahren!

Bei der Tour **Die Isar rauf und runter** starten wir auf der Isarinsel beim Vater-Rhein-Brunnen und folgen dem Flusslauf bis zur Maximiliansbrücke. Du erfährst auf diesem Spaziergang, was man früher alles auf der Isar transportiert hat und wie wichtig sie für die Entwicklung Münchens zur Millionenstadt war. Durch die Maximiliansanlagen führt uns die Schnitzeljagd wieder zurück zum Fluss. Wir gehen isaraufwärts, sehen das erste Elektrizitätswerk Münchens, kommen an einem der schönsten Hallenbäder vorbei und beenden unsere Tour am Deutschen Museum.

Unser **Rundgang um die Residenz** beginnt auf dem Platz vor dem Operngebäude. Wir gehen einmal um die Münchner Residenz und besuchen einige der Innenhöfe. Hier lernst du interessante Dinge über die Wittelsbacher, das bayerische Herrschergeschlecht, welches über 800 Jahre in der Stadt lebte und regierte.

Der **Streifzug durch den Englischen Garten** beginnt vor der Ludwig-Maximilians-Universität und führt uns quer durch den Englischen

Linke Seite: Studenten genießen auf der Wiese vor der Alten Pinakothek die Sonne. Im Hintergrund ist die Technische Universität zu sehen.

Blick in den romantischen Kabinettsgarten neben der Allerheiligen-Hofkirche

Die Volkssängerin Liesl Karlstadt als Brunnenfigur auf dem Viktualienmarkt wird von ihren Verehrern liebevoll mit Blumen geschmückt.

Garten. Wir erklimmen einen Hügel, auf dem der Monopteros steht. Dies ist ein Tempel mit wunderschöner Aussicht auf den Park. Danach führt uns die Tour zu Münchens zweitgrößtem Biergarten am Chinesischen Turm, und anschließend geht es zurück, an zahlreichen Laubbäumen vorbei, zum Eisbach. Hier treffen sich die geübten Surfer und balancieren auf einer großen Welle unter der Prinzregentenbrücke. Wir kommen noch am Japanischen Teehaus vorbei und gelangen über den Hofgarten zum Odeonsplatz.

Die Tour durch **das Kreuzviertel** zwischen Odeonsplatz und Stachus führt uns dann quer durch einen der alten Stadtteile der Innenstadt. Einige Kirchen liegen dabei an unserem Weg wie beispielsweise die Salvator- oder die Augustinerkirche St. Johann Evangelist und St. Johann Baptist – hast du schon einmal davon gehört? Wir besichtigen auf dieser Tour den Teufelstritt in der Frauenkirche und erfahren, wo die diebische Elster ihr Unwesen trieb. Ebenso liegen das erste Hotel der Stadt sowie schöne Brunnen in der Fußgängerzone auf unserem Weg.

Ausgangspunkt unserer **Entdeckungstour durch den Olympiapark** ist die im Oktober 2007 neu eröffnete BMW-Welt. Von hier aus laufen wir in den Olympiapark und erfahren, wie man aus Schutt und Trümmern eine Landschaft geschaffen hat, die heute ganz natürlich aussieht. Die Schnitzeljagd führt uns am Olympiaturm vorbei zur Olympiaschwimmhalle und zum Olympiastadion. Anschließend besteigen wir den Olympiaberg – die höchste Erhebung Münchens – und genießen die tolle Aussicht. Wenn du Glück hast, kannst du die Alpen von hier aus sehen! Danach gehen wir am See entlang zurück zum Sea Life.

Das Forum der Künste zwischen Pinakotheken und Königsplatz entstand unter König Ludwig I. am Anfang des 19. Jahrhunderts. Auf unserer Schnitzeljagd sehen und bewundern wir die großen und bekannten Museen der Stadt. Wir beginnen bei der Alten Pinako-

thek, gehen zur Neuen sowie zur Pinakothek der Moderne und erfahren, warum
die Stadt so viele Pinakotheken benötigt.
Danach schlendern wir über den schönen Königsplatz und beschließen unseren Ausflug am Lenbachhaus.

Die **Nymphenburg-Tour** ist die längste
Schnitzeljagd in diesem Buch. Du solltest
dir unbedingt eine Brotzeit einpacken und
vielleicht eine Decke mitnehmen, damit
du dich unterwegs ausruhen kannst. Sie
führt uns vorbei an der Nymphenburger
Porzellanmanufaktur in den Schlosspark.
Hier befinden sich noch drei kleinere
Schlösschen und eine Kapelle, die wir entdecken werden. Eines der Schlösschen, die
Amalienburg, werden wir uns auch von
innen anschauen. Am Ende der Tour werfen wir noch einen kurzen Blick in das
Marstallmuseum.

Hast du Lust bekommen, mit uns auf
Entdeckungstour zu gehen? Dann pack
dir eine Brotzeit ein, nimm Stift und Pa-
pier mit, schnapp dir deine Eltern und
Freunde und begib dich mit uns auf eine
Zeitreise durch die Stadt.

Beim Durchblättern des Buches wirst du
feststellen, dass die Touren unterschiedlich lang sind. Bei der einen Tour kannst
du viel erfahren, bei der anderen legst du
größere Strecken zurück. Für jeden Ge-
schmack und für jede Gelegenheit ist etwas dabei: für Jung und Alt,
für einen Familienausflug, einen Kindergeburtstag oder für einen
Wandertag mit deiner Klasse.

Die Antworten zu den Fragen im Buch findest du entweder im Text,
auf Schautafeln an den Gebäuden, manche weißt du vielleicht schon,
und wenn nicht – fragst du einfach jemanden.

*Ein romantischer Blick auf
die Theatinerkirche von
der Mitte des Dianatempels
im Hofgarten*

Viel Spaß!
Cornelia Landensperger
und Antje Martin

*Nachfolgende Doppelseite:
Blick vom Olympiaberg über
das Olympiagelände*

Schnitzeljagd durch München

1

Im Zickzack vom Marienplatz zum Isartor

Märkte, Hofläden und Kuriositäten

- **Dauer:** 2 Stunden
- **Route:** Marienplatz, Alter Peter, Viktualienmarkt, Burgstraße, Alter Hof, Platzl, über die Lederer- und Hochbrückenstraße ins Tal zum Isartor
- **Ausgangspunkt:** Marienplatz (alle S-Bahnen, U-Bahn-Linien U3 und U6, Buslinien 52 und 133)
- **Ziel:** Isartor (alle S-Bahnen, Straßenbahnlinien 16, 17, 18 und N17, Buslinie 131)

Das Neue Rathaus wurde im sogenannten Stil der Neugotik erbaut

Kannst du dir vorstellen, dass das Gebiet, das wir durchwandern wollen, vor vielen Jahrhunderten einmal eine flache Wiesenlandschaft, eine sogenannte Au gewesen ist, in der etliche Krähen (»Graggen«) lebten? Diese ehemalige **»Graggenau«** ist das nordöstliche Viertel der Altstadt zwischen Odeonsplatz, Marienplatz und Isartor.

Diese Tour führt uns ins Herz des mittelalterlichen Stadtviertels Graggenau und macht einen kurzen Abstecher ins Angerviertel. Kleine Gassen und Bürgerhäuser, Marktstände, Hofläden und ein Museum liegen auf unserem Weg.

Die Schnitzeljagd beginnt auf dem **Marienplatz**, dem Herzen der Stadt. Schon seit jeher war dieser Platz das Zentrum Münchens, doch erst vor ungefähr 150 Jahren wurde er Maria gewidmet. Damals wütete eine Cholera-Epidemie in München, und die Bevölkerung hoffte, die Mutter Gottes würde sie vor der Krankheit erretten.

Die **Mariensäule** stammt aus der Zeit des 30-jährigen Kriegs, als in Europa vor guten 370 Jahren Protestanten und Katholiken erbitterte Kämpfe ausfochten, und München von den Schweden belagert war. Nachdem die Belagerung und Brandschatzung mit wenigen Verlusten überwunden war, setzte man der heiligen Maria ein Denkmal dafür, dass sie die Münchner Bevölkerung gut durch Hunger, Krankheit, Pest und Unglauben geführt hatte. Die Symbole der Nöte kannst du als kleine Statuen auf dem Sockel der Mariensäule entdecken: Der Drache verkörpert den Hunger, der Löwe den Krieg, der Basilisk – ein Mischwesen mit

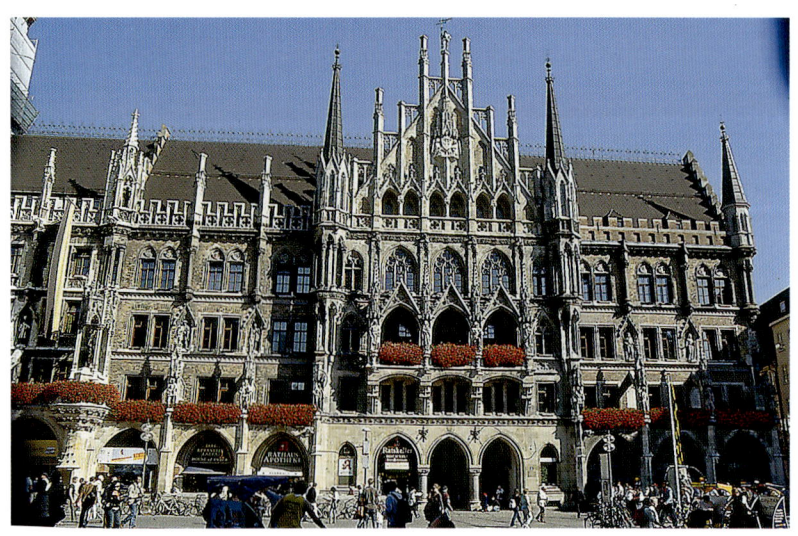

Hahnenkopf und Drachenschwanz – die Pest und die Schlange den Unglauben. Seit dieser Zeit ist Maria die Schutzherrin Bayerns. Man nennt sie daher auch »Patrona Bavariae«.

Am linken Eck des Neuen Rathauses gibt es noch einmal einen Drachen. Wie sieht er aus?

Das **Neue Rathaus** erkennst du an den vielen Bögen und Balkonen, Türmen und Statuen. Das Rathaus ist das Zentrum der Stadt, von hier aus wird sie vom Oberbürgermeister und dem Stadtrat verwaltet.

Weißt du, wie der Oberbürgermeister von München heißt?

Obwohl das **Neue Rathaus** eigentlich älter aussieht, ist es gerade ein bisschen mehr als hundert Jahre alt. An der Fassade siehst du die Wittelsbacher Herzöge, Kurfürsten und Könige, aber ebenso Volkssänger und andere Persönlichkeiten, die für die Münchner Geschichte wichtig waren. In der Mitte sitzt beispielsweise Prinzregent Luitpold auf seinem Pferd. Ihm wurde das Rathaus gewidmet, da er zur Zeit der Erbauung lebte und als Regent sehr beliebt war. Man sprach noch lange von »der guten alten Prinzregentenzeit, in der die Welt noch in Ordnung war«.

Kennst du noch eine Straße und einen Park, die nach dem Prinzregenten Luitpold benannt sind?

P _ _ _ _ _ _ _ _ _ _ _ straße und

L _ _ _ _ _ _ park.

Hast du gewusst, dass die **Mariensäule** auch für den Straßenverkehr von großer Wichtigkeit ist? Denn alle Kilometerangaben von und nach München werden von hier aus gemessen. Wenn du beispielsweise auf der Autobahn ein Schild mit der Auskunft »36 Kilometer bis München« liest, so gilt das genau bis hierher.

Hinweis: Im Erdgeschoss des Neuen Rathauses, genau in der Mitte, gibt es die Touristeninformation, die dir die eine oder andere Frage beantworten könnte.

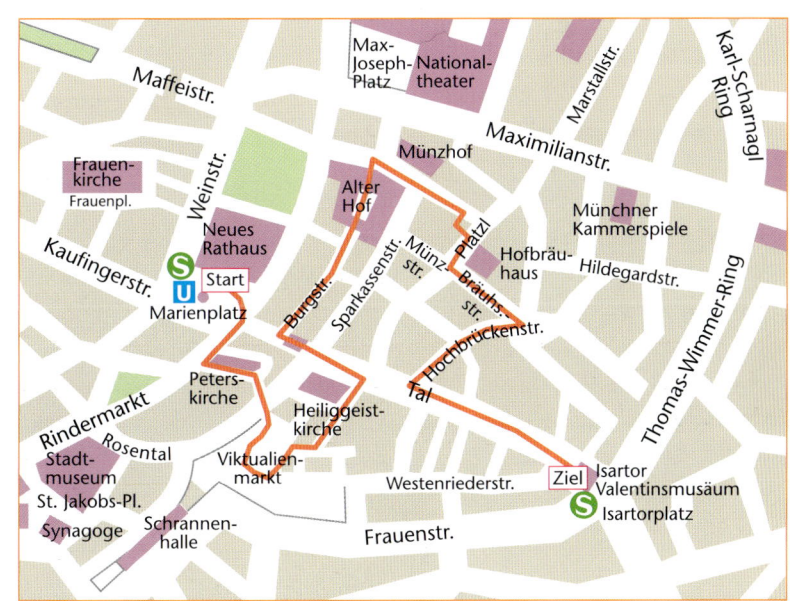

In der Mitte des Turmes des Neuen Rathauses findest du das **Glockenspiel**. Mit 43 Glocken werden die unterschiedlichsten Melodien gespielt. Oben kannst du die Hochzeit des Herzogs Wilhelm V. mit Renata von Lothringen bewundern, bei der in der Mitte des 16. Jahrhunderts (1568) ein großes Ritterturnier auf dem Marienplatz veranstaltet wurde.

Und unten ist der Schäfflertanz zu sehen. Die Schäffler – sie stellten die Fässer her – waren 1517 nach dem Ende einer sieben Jahre dauernden Pest als Erste wieder auf die Strasse gegangen und hatten mit ihren bunten Kleidern und lustigen Schellen die verängstigten Bürger zurück in das Leben gelockt. Alle sieben Jahre wird der Tanz bis heute aufgeführt.

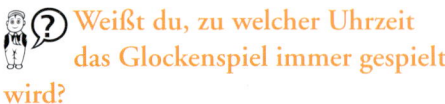 Weißt du, zu welcher Uhrzeit das Glockenspiel immer gespielt wird?

Ganz oben auf dem Turm steht das Wahrzeichen der Stadt, das auch auf dem Münchner Stadtwappen abgebildet ist. Es begegnet dir an vielen Orten, wie zum Beispiel auf der Tram, auf den Gullydeckeln, im Eingang des Rathauses zum Innenhof, wo du sogar die Entwicklung des Wappens genau studieren kannst.

Hinweis: Im Innenhof findest du auch den Lift zur Aussichtsplattform des Neuen Rathauses. Wenn du dir im Innenhof den Boden einmal genau ansiehst, so kannst du hier ein Labyrinth erkennen. Versuche doch einmal, in die Mitte des Irrgartens zu gelangen.

 Weißt du, was das Wahrzeichen ist und wie es heißt?

 Zeichne einen Umriss von einem der Türme, den du von hier sehen kannst.

Vorhin hatte ich schon einmal kurz davon erzählt, dass der Marienplatz das Zentrum der Stadt gewesen ist, auf dem auch der Markt stattfand.

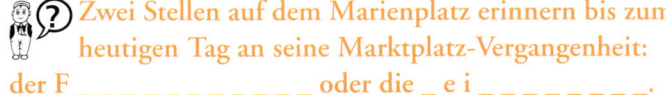 Zwei Stellen auf dem Marienplatz erinnern bis zum heutigen Tag an seine Marktplatz-Vergangenheit: der F _ _ _ _ _ _ _ _ _ _ oder die _ e i _ _ _ _ _ _ _.

Der Alte Peter auf dem Petersbergl

? Weißt du, wie viele S-Bahn-Linien hier unter dem Marienplatz hindurchfahren? (Wenn du zu den Treppen gehst, die in das Untergeschoss und zu den Bahnsteigen führen, kannst du die A......t finden!)

Wir verlassen – links an der Buchhandlung Hugendubel vorbei – den Marienplatz über den Rindermarkt und gelangen zum **Alten Peter** auf der anderen Straßenseite.

Die Kirche trägt eigentlich den Namen St. Peter und wird nur von den Münchnern liebevoll »**Alter Peter**« genannt. Es handelt sich hier um die älteste Pfarrkirche der Stadt.

? Wie viele Uhren kannst du am Kirchturm des Alten Peter erkennen? Hast du eine Idee, warum es so viele sind?

Wir gehen um den Alten Peter herum und dann am Café Rischart vorbei den kleinen Berg hinunter und stehen vor dem **Viktualienmarkt**.

Nachdem das Markttreiben zu bunt und der Marienplatz dafür zu klein geworden war, entschloss man sich vor 200 Jahren, den Markt hierher zu verlegen. Denn zur damaligen Zeit wurde das Heiliggeist-Spital enteignet (man nannte das »Säkularisation«), nach und nach abgerissen und der Platz von den einzelnen Ständen des Marktes besiedelt. Nur die Kirche blieb bis heute stehen. So entstand am Anfang des 19. Jahrhunderts der **Viktualienmarkt**.

Bevor wir den Marienplatz verlassen, möchte ich dir noch etwas über die Fußgängerzone erzählen, die nämlich die erste in ganz Deutschland ......esen ist. Sie wurde 1972 für die Olympischen Sommerspiele (siehe Seite 55) gebaut, ebenso die Linien der S- und U-Bahnen. München erwartete zu diesem Ereignis sehr viele Besucher, und man erhoffte sich, dass man damit den Menschenmassen mehr Raum und einen schnelleren Transport zu den Wettkämpfen ermöglichen könne.

Man nimmt an, dass hier auf dem Petersbergl – so nennt man die kleine Anhöhe – der Ursprung der Stadt war, denn hier gab es schon vor der Stadtgründung vor 850 Jahren eine Ansiedlung von Mönchen, die der Stadt auch ihren Namen gab: »apud Munichen« – »bei den Mönchen«. Das Münchner Kindl erinnert an diese Geschichte.

»Viktualien« kommt vom lateinischen victus und bedeutet »Unterhalt, Nahrung«. An zahlreichen Ständen und Buden werden Obst und Gemüse, Fleisch und Geflügel, Molkereiprodukte und noch viel mehr feilgeboten. Es gibt nichts, was es hier nicht gibt: Die Sternfrucht von der einsamsten Südseeinsel findest du ebenso wie ausgefallene Gewürze, Weine und Öle aus der Toskana oder eine einfache Gurke. Im Herzen des Marktes befindet sich ein Biergarten. Mit nur 500 Sitzplätzen gehört er zu den kleineren der Stadt. Der größte ist der Hirschgarten mit guten 8 000 Plätzen! Ergänzt wird die Idylle des Platzes durch die zahlreichen Brunnen mit ihren bezaubernden Brunnenfiguren, die berühmte Persönlichkeiten wie Karl Valentin oder Liesl Karlstadt darstellen.

Das Alte Rathaus ist erstmals 1310 urkundlich erfasst. Seither wird von hier aus die Stadt regiert.

Die **Gründungsgeschichte**: Ungefähr in der Höhe von Unterföhring – also etwas nördlich von München – befand sich im 12. Jahrhundert eine Isarbrücke, die dem Erzbistum München-Freising gehörte. Heinrich der Löwe (1129–1195) zerstörte diese und baute eine neue – die heutige Ludwigsbrücke –, über die von da an der gesamte Verkehr der Salzhändler führte, durch den Heinrich reichlich Zoll kassieren konnte. Dass dies dem Erzbischof Otto von Freising missfiel, ist verständlich, und so ging er zu Kaiser Friedrich Barbarossa, um sich zu beschweren. Dieser erließ am 14. Juni 1158 einen Schiedsspruch. Darin war zu lesen, dass Heinrich seine Brücke behalten und den Zoll einnehmen dürfe, dass er aber immer ein Drittel aller Einnahmen an das Erzbistum abgeben müsse. Dieser sogenannte »Augsburger Schied« gilt heute als Gründungsurkunde der Stadt.

Gehe einmal deiner Nase nach und zähle auf, was du alles riechen kannst.

Vom Biergarten aus gehen wir zum Samen-Schmitz Gartencenter, dann an der Häuserfront nach links entlang, bis wir zur Heiliggeistkirche kommen. Hinter der Kirche findest du die Heiliggeiststraße, die dich in die Straße mit dem Namen »**Tal**« führt. Falls du einmal hören solltest »wir treffen uns im Tal«, dann ist das genau hier in dieser Straße. Seit Anbeginn war das Tal die wichtigste Ost-West-Verbindung für die Handelsströme.

Weißt du, wie man das Salz zur damaligen Zeit auch nannte?

Im Tal angekommen, können wir rechter Hand bereits einen ersten Blick auf das Isartor werfen. Wir laufen aber nach links in Richtung Marienplatz und stehen vor der Ostfassade des **Alten Rathauses**.

Das **Alte Rathaus** – seit Ende des 19. Jahrhundert gab es das Neue Rathaus – wurde vor mehr als 600 Jahren vom Architekten der Frauenkirche erbaut: Jörg von Halspach, genannt Ganghofer. Im Durchgang des Turmes befindet sich das **Spielzeugmuseum**, das du dir ansehen kannst. In der großen Durchfahrt, durch die auch der Bus fährt, ist der Eingang in das Alte Rathaus. Gleich rechts davon siehst du ein vergittertes Fenster. Dahinter verbarg sich im Mittelalter der Kerker, in dem die Halunken schmorten!

An der Fassade des Rathauses findest du eine Gestalt, die zum Isartor blickt. Kannst du herausfinden, wen sie darstellt? (Schau dir dazu den Sockel an, auf dem sie steht!)

Wir verlassen rasch diesen unheimlichen Ort und gehen durch das Tor und dann rechts in die Burgstraße. Unser Ziel ist nun der Alte Hof. Auf dem Weg kommen wir am damaligen **Haus des Stadtschreibers** vorbei, das du an seiner reichen Verzierung erkennst.

Hast du herausgefunden, was eine Himmelsleiter ist?

Wir gehen weiter und kommen an der Ecke Burgstraße/Altenhofstraße am Knopfgeschäft »Geknöpft und zugenäht« vorbei. Hier findest du eine Gedenktafel.

Kannst du herausfinden, wer hier einmal wohnte und welches Werk er in diesem Haus verfasste?

Nun stehen wir vor der mittelalterlichen Einfahrt zum **Alten Hof**, man könnte auch sagen zur »Alten Residenz«. Ebenso wie beim Rathaus gab es irgendwann einen neuen Hof, die heutige Residenz, und so nannte man die alte Feste den Alten Hof. Wenn du durch die Einfahrt gehst, siehst du auf der linken Seite ein altes hölzernes Tor. Einmal im Monat gab es den »Meckertag«, an dem die Bürger ihr Leid beim Herzog klagen durften, ohne bestraft zu werden. Die steinerne Bank davor war für die Wartenden gedacht.

Der **Stadtschreiber** war ein sehr wichtiger Mann, denn er konnte schreiben, was damals nicht selbstverständlich war. Er hielt alle schriftlichen Dokumente und Gesetzestexte fest und dokumentierte das Stadtgeschehen. Das reich bemalte Haus ist ein besonderes Schmuckstück und zählt zu den ältesten Häusern der Stadt. Darin befindet sich auch eine Himmelsleiter. Wenn du in der Gaststätte fragst, darfst du sie dir bestimmt einmal ansehen!

Hier am Haus des Stadtschreibers kannst du die sogenannten Ohrwaschl sehen. Darunter versteht man die Halbgiebel, an denen die Waren mit Seilwinden in das Obergeschoss befördert wurden.

Die malerische Burgstraße mit dem reich verzierten Haus des Stadtschreibers (links) und dem Eingang zum Alten Hof (rechts).

Besonderes Augenmerk gilt dem **Affentürmchen**. Der Überlieferung nach soll ein Äffchen den Kronprinzen und späteren Kaiser Ludwig den Bayern, als dieser noch ein kleines Baby war, aus seinem Bettchen genommen haben. Du fragst dich jetzt bestimmt, warum ein Äffchen in der Stadt gewesen ist? Es galt zur damaligen Zeit als schick, exotische Pflanzen und Tiere zu besitzen und diese in eigens dafür gebauten Räumen, sogenannten Menagerien (ausgesprochen »Menascherii-en«), zu halten. Als die Amme sah, was geschehen war, und laut zu schreien begann, erschrak das Äffchen aufs Heftigste und floh mit dem Knäblein aus dem Fenster und hinauf auf die Turmspitze. Der gesamte Hofstaat lief im Innenhof zusammen und versuchte, das Tier zu beruhigen und zur Umkehr zu bewegen. Erst als sich die Aufregung der Menschen gelegt hatte und wieder Ruhe eingekehrt war, verließ das Äffchen den Turm und brachte den Prinzen wohlbehalten zurück in seine Kammer.

Wir gehen nun weiter in den Innenhof. Der **Alte Hof** wird auch Ludwigsburg genannt, da er von dem Wittelsbacher Herzog Ludwig dem Strengen schon 100 Jahre nach der Gründung der Stadt, also in der Mitte des 13. Jahrhunderts, erbaut wurde.

Wir durchqueren den Hof und verlassen ihn wieder durch das andere Tor.

Vor diesem Tor steht ein Reiterstandbild. Wer ist der stolze Recke hoch zu Ross?

Wir kommen auf die Pfisterstraße, in die wir nach rechts einbiegen. Schräg rechts gegenüber siehst du den Eingang in die **Münze**. Dort gehen wir hinein. Achtung: Die Münze ist sonntags geschlossen!

Das Gebäude ließ Herzog Albrecht der Prächtige erbauen und hier das erste Museum nördlich der Alpen einrichten. Im Erdgeschoß befand sich der Stall der fürstlichen Pferde, der sogenannte Marstall, und in der ersten Etage war genug Platz für die Bibliothek, für Kunstschätze und Kuriositäten alle Art. Man erzählte sich, er habe sogar einen ausgestopften Elefanten sein Eigen genannt.

Im Jahre 1809 zog hier das Hauptmünzamt des Königreichs Bayern ein und gab diesem Gebäude seinen heutigen Namen »Münze«. Der Innenhof ist reich mit Arkaden – das sind Bogen, die zwei Säulen verbinden – verziert und wird daher auch Arkadenhof genannt.

Bevor wir die Münze wieder verlassen, erzähle ich dir noch eine Geschichte über den Boden des Arkadenhofs.

 Das alte **Pflaster**, wie du es hier und noch auf manch anderen Plätzen findest, wurde aus Steinen der Isar gelegt. Eine Riesenarbeit wirst du jetzt denken! Die Münchner waren aber sehr klug. Da die Straßen durch die vielen Fuhrwerke der fahrenden Händler immer schlammiger wurden, beschloss man eines Tages, dass jeder Händler einen Stein aus der Isar als Pfand in die Stadt mitbringen müsse. So hatte man bald genug Material, um die Straßen pflastern zu können. Einen ebenso schönen Boden findest du auch auf dem Max-Joseph-Platz.

Wir gehen nun wieder zurück auf die Pfisterstraße und nach links bis zur **Hofpfisterei**, nach der die Straße benannt wurde.

Das mittelalterliche Haus der Hofpfisterei ist heute über und über mit Efeu bewachsen.

Das Gebäude ist heute ganz und gar von Efeu eingewachsen, aber die mittelalterliche Bauform mit weit heruntergezogenen Giebeln kann man noch gut erkennen. Man nimmt an, dass es in der ersten Hälfte des 16. Jahrhunderts, also vor 400 Jahren, gebaut wurde, und zwar als Pfisterei – als Bäckerei für den Hof –, daher der Name »Hofpfisterei«. Das wertvolle Brot, das heute ganz selbstverständlich jedermann in fast ganz Bayern kaufen und verspeisen kann, gab es damals nur für die feine Gesellschaft des Hofes.

Was befindet sich heute in diesem Gebäude?

Von hier aus gehen wir nun weiter in die kleine Fußgängerzone und biegen gleich rechts in die Platzlgasse ein. Wir befinden uns jetzt in einem **Durchhaus**. Man nennt es so, weil man durchgehen kann. Die kleinen Innenhöfe waren in der mittelalterlichen Zeit in den Häusern üblich. Aus Platzmangel führen die Treppen sehr steil in

Im romantischen Innenhof des Durchhauses der Platzl-gasse befindet sich die Koch-schule des Sterne- und Fern-sehkochs Alfons Schubeck.

die oberen Etagen. Aus den Brunnen, wie im zweiten Hof, mussten die Bewohner des Hauses ihr frisches Wasser zum Trinken, Kochen und Waschen holen und in ihre Wohnungen schleppen.

Wenn wir weiter durch die Platzlgasse gehen, kommen wir auf das Platzl.

Das bekannteste Bauwerk des Platzls ist das **Hofbräuhaus**. Wann es gebaut wurde, kannst du an der Fassade ablesen. Der Hofbräu wurde von Herzog Wilhelm V. gegründet, das hier gebraute Bier war bis ins 19. Jahrhundert den Bewohnern und Bediensteten der Residenz vorbehalten, das heißt, der Hofbräu war Hoflieferant. Mit der übrigen Bevölkerung musste man aber kein Mitleid haben, denn es gab zu dieser Zeit auch schon anderes Bier, wie zum Beispiel das Augustinerbier, das seit 1328 von den Augustinermönchen für alle gebraut und ausgeschenkt wurde.

Erst vor ungefähr 100 Jahren wurde dann auch das Bier des Hofbräus für alle Münchner hergestellt. Da der Platz nicht mehr ausreichte, musste die Brauerei nicht nur umgebaut, sondern auch verlegt werden. Hier auf dem Platz entstand ein großes Gasthaus, die Brauerei wurde nach Haidhausen verlegt. Den Hofbräukeller mit seinem schönen Biergarten am Wiener Platz auf der anderen Seite der Isar kannst du heute noch immer besuchen.

Was glaubst du, wie viele Liter Bier werden hier täglich ausgeschenkt? ❏ 100 Liter ❏ 1 000 Liter ❏ 10 000 Liter

Hast du gewusst, dass das Hofbräuhaus neben dem Oktoberfest die bekannteste Sehenswürdigkeit Münchens ist?

Erinnerst du dich noch an die Ohrwaschl? Hier auf dem Platz kannst du noch weitere finden. In welcher Hausnummer?

Wir verlassen das Platzl, überqueren die Bräuhausstraße am Hard Rock Café, gehen in der Orlandostraße vorbei an den Fußballfanshops des FC Bayern und von 1860 München sowie an zahlreichen Souvenirläden und biegen dann nach links in die Lederer-

Den Baustil des Hofbräuhauses nennt man wegen seiner Schnörkel im Volksmund spöttisch auch »Brezn-Barock«.

straße ein. Ihr folgen wir geradeaus, bis wir nach rechts in die Hochbrückenstraße einbiegen können und kurz darauf wieder im Tal ankommen, wo wir links zum Isartor laufen.

Kannst du herausfinden, welchen Beruf Karl Valentin an den Nagel hängte?

Erinnerst du dich noch an die Frage, warum der Alte Peter acht Uhren besitzt? Karl Valentin hatte eine gute Antwort: »So können acht Leute gleichzeitig die Uhr ablesen!«

Hier endet unsere Schnitzeljagd. Zur Stärkung kannst du beispielsweise in das Turmstüberl im »Musäum« gehen, das besonders für seinen Apfelstrudel bekannt ist. Wenn du es lieber herzhaft möchtest: Es gibt hier auch eine ausgezeichnete Leberknödelsuppe.

Im **Isartor**, das zur zweiten mittelalterlichen Stadtbefestigung gehört, befindet sich heute das **Valentin-Musäum**, das mit allerlei Kuriositäten seine Besucher amüsiert. Karl Valentin und Liesl Karlstadt waren Volksänger, die wegen ihres besonderen Humors von allen Münchnern bis heute verehrt werden. Hier im »Musäum«, das einen schon mit den Öffnungszeiten zum Lachen bringt – von 11:01 bis 17:29 –, wird beispielsweise der Nagel ausgestellt, an welchen Karl Valentin sprichwörtlich seinen Beruf hängte, nachdem er sich entschlossen hatte, Komiker zu werden.

2   Die Isar rauf und runter

Vom ehemals reißenden Gebirgsfluss zum braven Kanal

■ **Dauer:** 2 Stunden
■ **Route:** Ludwigsbrücke, Vater-Rhein-Brunnen, Praterinsel, Maximiliansbrücke, Maximilianeum, Auer Mühlbach, Müllersches Volksbad, Deutsches Museum
■ **Ausgangspunkt:** Ludwigsbrücke (alle S-Bahnen: Haltestelle Isartor, Straßenbahnlinien 18 und N17: Haltestelle Deutsches Museum)
■ **Ziel:** Deutsches Museum (alle S-Bahnen: Haltestelle Isartor, Straßenbahnlinien 18 und N17: Haltestelle Deutsches Museum)

Diese Schnitzeljagd führt uns ein Stück entlang der Isar. Hier erfahren wir, wie wichtig die Isar für die Entwicklung der Stadt München schon immer gewesen ist.

Wir beginnen unsere Schnitzeljagd auf der **Ludwigsbrücke**. Wenn du von der Brücke zur Isar hinunterschaust, siehst du, dass mitten im Fluss eine Insel liegt. Genau hier war damals ein günstiger Ort, um eine Brücke über die Isar zu bauen – die letztlich der Grund dafür war, dass München mit 1,2 Millionen Einwohnern heute die drittgrößte Stadt in Deutschland ist.

Auf der Seite der Brücke, von der aus du **kein** großes Gebäude auf der Insel sehen kannst, führen Treppen zum **Vater-Rhein-Brunnen** hinunter. Diesen Brunnen schuf der Münchner Künstler **Adolf von Hildebrand**. Ursprünglich wurde er 1903 in der Stadt Straßburg aufgestellt. Nach dem Ersten Weltkrieg marschierten die Franzosen in Straßburg ein und ließen den Brunnen abbauen. Erst Jahre später, nämlich 1932, tauschte München die Brun-

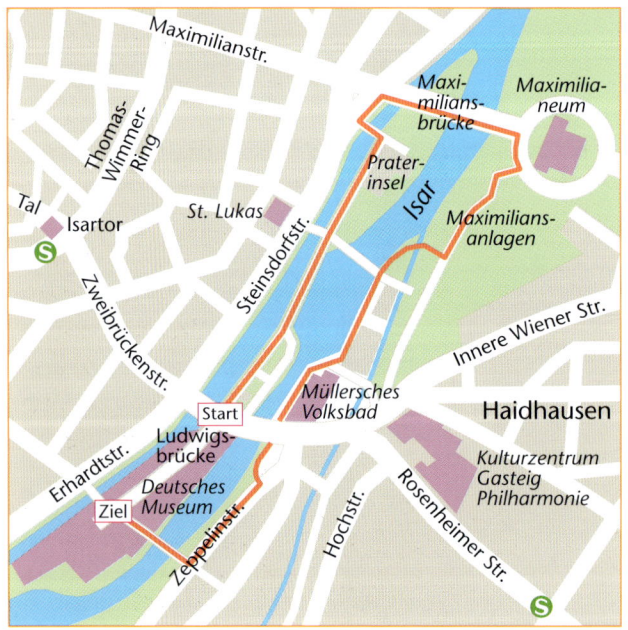

Die **Isar** entspringt im Karwendelgebirge, ist etwa 295 Kilometer lang und mündet bei Deggendorf in die Donau. Als sie noch ein richtig stürmischer Gebirgsfluss war, wurde in München das Gebiet links von ihr – der heutige Stadtteil **Lehel** – ständig überflutet. Mitte des 19. Jahrhunderts beschloss man, den Flusslauf zu regulieren und steckte die Isar in ein Betonkorsett. Der wichtigste Hochwasserschutz für München war jedoch der Bau des großen Sylvensteinspeichersees in den 1950er-Jahren. Der See liegt circa 80 Kilometer südlich von München und fängt den größten Teil des Schmelzwassers aus dem Gebirge auf.

nenfigur gegen ein Gemälde ein und ließ den Brunnen an der heutigen Stelle, die »Auf der Insel« heißt, neu errichten.

Entlang des Isarkanals kann man wunderschön spazieren gehen.

❓ Was hält die Brunnenfigur in ihrer rechten Hand?

👣 Wir laufen geradeaus weiter über den sogenannten **Wehrsteg**, der diese Insel mit einer zweiten Insel verbindet. Links von uns fließt der **Isarkanal**, der erst östlich von Moosburg wieder in die Isar mündet.

❓ Was glaubst du, auf wie vielen Kilometern durchfließt die Isar das Stadtgebiet?
❑ 4 km   ❑ 13,7 km   ❑ 23 km

❓ Was schätzt du, wie lange hat damals eine Fahrt mit dem Floß von München nach Wien gedauert?
❑ 1 Tag   ❑ 9 Tage   ❑ 2 Wochen

Bevor die Eisenbahn erfunden wurde, war die Isar ein wichtiger Verkehrsweg aus den Alpen nach München. Früher verwendete man das Holz zum Hausbau und heizte auch damit. Die Baumstämme wurden auf **Flößen** aus den waldreichen Alpen nach München transportiert. Stell dir vor, allein für den Dachstuhl der Frauenkirche benötigte man angeblich 147 Floßladungen Holz! Aber auch andere Waren, wie Wein, Bier, Obst und Kalk, kamen per Floß in die Stadt. Es gab zwei Anlegeplätze für die Flöße. Einer war gleich am Anfang des Wehrstegs links auf der anderen Uferseite. Ab dem 17. Jahrhundert wurden auch Fahrgäste mitgenommen. So konnte man auf dem Floß von München nach Wien reisen.

Das **Lehel** war früher ein Armeleuteviertel. Hier wohnten verschiedene Handwerker, und auch die Wäsche der Residenz wurde dort gewaschen und auf den Auwiesen getrocknet. Viele der Straßennamen geben noch Hinweise darauf, welchem Beruf die Anwohner nachgingen. Zum Beispiel gibt es eine Gewürzmühlstraße oder eine Triftstraße (**Trift** ist abgeleitet von »treiben« und bezeichnet den Transport von schwimmenden Baumstämmen, also das Holzflößen). Viele kleine Kanäle durchzogen noch bis Mitte des 19. Jahrhunderts dieses Viertel. Über die Triftstraße wurde dann das Holz, das auf der Isar herantransportiert worden war, zur Holzlagerstätte vor dem heutigen Bayerischen Nationalmuseum geleitet.

Im Hintergrund tauchen die Türme der St.-Lukas-Kirche auf.

Am Ende des Wehrstegs führt nach links die Mariannenbrücke zur Steinsdorfstraße. Wir gehen bis zur Mitte der Brücke und schauen nach rechts zum Wasser hinunter. Hier kannst du sehen, wo der **Eisbach** aus dem Isarkanal abgeleitet wird und unter dem Stadtteil **Lehel** verschwindet, bis er unter der Brücke an der Prinzregentenstraße wieder hervorschießt (siehe Seite 42).

Die Kirche, die du direkt vor dir siehst, ist die **St.-Lukas-Kirche**. Bevor die erste Königin Anfang des 19. Jahrhunderts nach Bayern kam, war Bayern streng katholisch. Königin **Karoline von Baden** war jedoch Protestantin, und so fing man an, auch evangelische Kirchen in München zu bauen. Die St.-Lukas-Kirche ist die dritte evangelische Kirche, die in München errichtet wurde.

Wie viele Türme hat die St.-Lukas-Kirche?

Wir gehen wieder zurück und biegen nach der Brücke nach links ab. Gleich am Anfang siehst du auf der rechten Seite den Eingang zum Garten des **Alpinen Museums**. Das Museum liegt auf der sogenannten **Praterinsel**. 1907 beschloss der Alpenverein, ein Museum an dieser Stelle zu gründen, da er das Gebäude, in dem sich das ehemalige Café Isarlust befand, umsonst nutzen durfte. Im Museum erfährst du alles, was mit den Pflanzen, Tieren und Lebensgewohnheiten in den Bergen zu tun hat. Im Garten findest du große Steinblöcke, die in den Alpen vorkommen, und dazwischen sitzt ein »**Bergsteiger**«, der sich ein wenig ausruhen möchte.

Was hält der Bergsteiger in der Hand?

Unsere Schnitzeljagd führt uns wieder aus dem Garten hinaus. Wir wenden uns nach rechts und gehen dann geradeaus, bis wir wieder zu einer Brücke kommen. Rechts von uns liegt ein großer gelber Gebäudekomplex, den wir uns genauer anschauen wollen. Geh nach dem Gebäude rechts in den Innenhof der Anlage. Hier befindet sich das sogenannte **Aktionsforum Praterinsel**. Das Wort Prater kommt von dem lateinischen Wort pratum und bedeutet Wiese. Früher nutzten die Franziskanermönche die Isarinsel als Erholungsgarten und pflanzten hier Frühbeete an.

Kannst du herausfinden, wer danach das Gelände gekauft und wann er den Prater gegründet hat?

Wie heißen die drei Räume, die noch aus der Zeit der Likörfabrik stammen?

Z _ _ _ _ _ _ _ _ _ _ F _ _ _ _ _ _ _ W _ _ _ _
_ _ _ _ _ _

Wir verlassen den Innenhof wieder und gehen geradeaus über die Brücke vor uns. Kurz vor Ende der Brücke kannst du auf der rechten Seite die Figur des **heiligen Nepomuk** sehen.

Dieser Bergsteiger sitzt bei Wind und Wetter im Garten des Alpinen Museuems.

Was steht auf dem Sockel des Brückenheiligen?

Die Legende des heiligen Nepomuk

Johannes von Nepomuk war Prager Domherr und bei König Wenzel IV. nicht sehr beliebt, weil er sich energisch für die Rechte der Kirche gegenüber dem König einsetzte. Als Johannes sich weigerte, dem König zu verraten, was ihm Königin Sophia in ihrer Beichte anvertraut hatte, ließ der König ihn 1393 foltern und in der Moldau ertränken. Die Leiche wurde schnell gefunden und im Veitsdom in Prag bestattet. 1719 fand man bei der Öffnung seines Grabes, dass Nepomuks Gebeine und Zunge immer noch unversehrt waren, woraufhin er nur wenig später heiliggesprochen wurde. Seitdem gilt St. Nepomuk als Schutzpatron der Brücken.

Aus einem kleinen Bierausschank mit Würstelbude entstand der **Prater**, ein kleiner Vergnügungsplatz für alle Bevölkerungsschichten. 1867 wurde die Wirtschaft an **Anton Riemerschmid** verkauft, der hier eine Likörfabrik errichtete. Ende der 1990er-Jahre wurde die Produktion nach Erding verlegt, und ein Privatmann kaufte das Gelände und gründete hier das sogenannte **Aktionsforum Praterinsel**. Einige der Räume sind an Künstler vermietet, und es finden hier die unterschiedlichsten Veranstaltungen statt, z. B. wird im Sommer Tango und Salsa getanzt.

Der Brückenheilige St. Nepomuk bewacht hier die Maximiliansbrücke.

 Nach der Brücke wenden wir uns gleich wieder nach rechts und gelangen zur **Maximiliansstraße**. Hier gehen wir rechts über die Brücke und bleiben in der Mitte der Brücke einen Augenblick stehen. Wenn du nach links schaust, kannst du über den Bäumen den **Friedensengel** in der Sonne glänzen sehen. Im Jahre 1870/71 herrschte Krieg zwischen Preußen und Frankreich, den die Preußen gewannen. Als 25 Jahre später immer noch Frieden zwischen den beiden Ländern herrschte, wurde der Engel auf der Säule als Erinnerung an den Frieden errichtet.

Unsere Tour führt uns weiter geradeaus über die Brücke, bis wir vor einem großen Gebäude stehen. Hier, am Ende der Maximilianstraße, steht das **Maximilianeum**. Einerseits wird hier Politik gemacht, denn es ist Sitz des **Bayerischen Landtags**, und andererseits beherbergt das Gebäude die besten Studenten von Bayern. Es gibt insgesamt 42 Studienplätze. Die Studenten – die »Maximilianeer« – wohnen hier, werden verköstigt und auch die Wäsche wird ihnen besorgt. Voraussetzung ist aber, dass du in Bayern geboren bist und dein Abitur mit der Note 1,0 geschafft hast. Dann kannst du dich für einen Studienplatz hier bewerben und hast sicher ein sehr angenehmes Studentenleben!

Wie viele Figuren zählst du auf dem Dach des Maximilianeums?

Wir biegen nach der Brücke gleich wieder nach rechts ab, halten uns immer rechts, gehen anschließend nach links kurz bergauf und laufen dann den Hügel zur Isar hinunter. Das Stadtviertel links von uns auf dem Hügel heißt **Haidhausen**. Hier haben früher die armen Leute gewohnt, die nicht genug Steuern zahlen konnten, um in der Stadt leben zu dürfen. Da es im Boden dort sehr viel Lehm gab, errichtete man zahlreiche Ziegeleien. Der Ziegelstein war für lange Zeit das wichtigste Baumaterial in München. Wenn du schon bei der **Frauenkirche** (siehe Seite 48) warst, kannst du sehen, dass sie aus Ziegelsteinen gebaut wurde.

In der Mitte des 19. Jahrhunderts gab es in Haidhausen etwa 60 **Brauereien**. Denn hier oben konnte man tiefe Keller in die Isarhochterrasse graben. Da es zu dieser Zeit noch keine Kühlschränke gab, musste man sich etwas einfallen lassen, um das Bier im Sommer kühl lagern zu können, damit es nicht verdarb. So stellte man die Fässer in die Keller, packte Eis darauf und pflanzte oberhalb des Kellers Kastanienbäume, die mit ihren großen Blättern viel Schatten spendeten. Daraus entwickelten sich später die Biergärten, die zum Teil heute noch in diesem Stadtviertel existieren, wie beispielsweise der **Hofbräukeller**.

 Fällt dir noch ein anderes Wort für Ziegelstein ein?
B _ _ _ s t e i n

Bevor wir wieder die Isar erreichen, gehen wir nach rechts über die kleine Brücke, die den **Auer Mühlbach** überquert.

 Nach der Brücke halten wir uns links und gehen geradeaus an der Isar entlang, bis wir links von uns den Biergarten an der **Muffathalle** entdecken. Hier entstand Ende des 19. Jahrhunderts das erste **Dampfheizkraftwerk** in München. Die Heizkessel unter den großen Turbinen wurden mit dem Wasser aus dem Auer Mühlbach gekühlt. Das Werk lieferte den Strom für die Straßenbeleuchtung und die Straßenbahnen in München. In den 1970er-Jahren wurde das Werk geschlossen, und seit 1993 finden hier kulturelle Veranstaltungen statt. Der weithin sichtbare Schornstein und die Halle selbst stehen inzwischen unter Denkmalschutz.

 Was schätzt du, wie hoch ist der Schornstein der Muffathalle?

 Hier an der Isar kannst du auf den Kiesbänken im Sommer wunderbar spielen und auch deine Füße ins Wasser halten. Da der Fluss aus den Bergen kommt, ist das Wasser aber sehr, sehr kalt! Wenn du magst, kannst du ein paar bunte Isarkiesel sammeln und mit nach Hause nehmen.

 Unsere Tour führt uns den Karl-Müller-Weg entlang, vorbei an einem schönen Gebäude mit einem weißen Turm, das im sogenannten **Jugendstil** erbaut wurde.

 Kannst du herausfinden, wie das Gebäude heißt und wer es erbaut hat? (Finde die Tafel, auf der die Antwort zu finden ist.)

 Benannt wurde das Gebäude nach dem Bauingenieur **Karl Müller**. Dieser schenkte der Stadt dieses Haus und

---

Der **Auer Mühlbach** ist ein Seitenarm der Isar, der auf der Höhe des Tierparks abgeleitet wird und nach etwa 7 Kilometern hier wieder in die Isar zurückfließt. Er heißt »Mühlbach«, weil er früher mit seiner Wasserkraft zahlreiche Mühlräder entlang des Baches angetrieben hat. Bis August 2007 existierte beispielsweise noch die **Kraemersche Kunstmühle** in der Straße Birkenleiten 41. Sie war die erste mit Turbinen betriebene Getreidemühle und durfte sich deswegen »Kunstmühle« nennen.

Der Muffatturm ist Teil eines Industriedenkmals.

Jugendstil

Mit Jugendstil bezeichnet man eine kunstgeschichtliche Epoche, die sich an der Wende vom 19. zum 20. Jahrhundert entwickelte. Benannt wurde er nach der 1896 in München gegründeten Kulturzeitschrift »Die Jugend«. Typisch für den Jugendstil sind dekorativ geschwungene Linien und flächenhafte Blumenornamente. Im Stadtteil Schwabing findest du noch einige Häuser mit Jugendstilfassaden. Ein besonders schönes Beispiel ist das Haus in der Ainmillerstraße 22.

Im Hintergrund leuchtet der weiße Turm des Müllerschen Volksbads.

verlangte, dass dort ein Bad für die Münchner Bevölkerung errichtet würde. Im 19. Jahrhundert hatte noch nicht jeder ein Badezimmer zu Hause, sondern man ging in solche öffentlichen Badehäuser. Sogar heute noch kann man sich im Keller eine Badewanne mieten. Bis in die 1970er-Jahre hieß es auch das »Zamperlbad«.

Weißt du, was ein »Zamperl« ist?

Hier konnten die Münchner ihre geliebten Vierbeiner nach dem Gassigehen wieder sauber schrubben. Heute ist dieses allerdings nicht mehr möglich. Das Hallenbad besteht aus zwei Schwimmbecken. Früher war eines – mit warmem Wasser – den Damen vorbehalten, und das andere – mit kühlem Wasser – gab es für die Männer. Außerdem findest du dort ein irisch-römisches Dampfbad, eine Sauna, Wannen- und Brausebäder sowie ein Solarium. Für eine Verschnaufpause steht ein nettes Café mit kleinem Garten zur Verfügung.

Unsere Schnitzeljagd führt uns geradeaus weiter und durch die Unterführung. Wie du vielleicht schon bemerkt hast, sind wir wieder an der Ludwigsbrücke angekommen.

Wer sitzt nach der Unterführung rechts auf einem Sockel?

In dem großen Gebäude links von uns befindet sich ein Kino mit dem Namen »**Museumslichtspiele**«. Hier kannst du dir viele Filme sogar in ihrer Originalsprache anschauen. Außerdem wird hier ein umfangreiches Kinderprogramm geboten.

Wir laufen die Zeppelinstraße geradeaus weiter bis zur nächsten Brücke.

Rechts von dir siehst du wieder eine Insel, auf der das bekannteste Museum Münchens steht – das **Deutsche Museum**. Am Ufer der Museumsinsel gibt es immer wieder Biber, die sich dort ihre Burg oder Wohnröhre bauen. Wenn du Glück hast und mal abends hierher kommst, kannst du vielleicht einen beobachten, wie er durch die Isar schwimmt.

Als Nächstes gehen wir rechts über die Zenneckbrücke und kommen zu einem Tor, durch das wir in den Innenhof des Museums gelangen können.

Kultkino
Bekannt geworden ist dieses Kino vor allem deswegen, weil es seit 30 Jahren ununterbrochen jeden Freitag und Samstag den Kultfilm »**The Rocky Horror Picture Show**« zeigt. Die eingefleischten Fans kommen jede Woche in Kostümen der Darsteller, um sich den Film anzusehen.

 **Was für eine Uhr befindet sich über dem Torborgen?**

 Im Innenhof befindet sich der Eingang zum **Deutschen Museum**. Gegründet hat dieses größte naturwissenschaftlich-technische Museum der Welt **Oskar von Miller** im Jahre 1903. Du findest hier etwa 40 verschiedene Abteilungen, und wenn du dir jedes Teil auch nur einen kurzen Moment anschauen möchtest, dann brauchst du ungefähr drei Wochen, bis du alles gesehen hast! Also am besten vorher schon überlegen, was du sehen willst und immer wiederkommen. Es lohnt sich! Du siehst zum Beispiel einen naturtreu nachgebauten Bergwerksstollen, den ersten Computer, ein Planetarium, Kutschen, Schleusen und vieles, vieles andere. Im **Kinderreich** können Kinder im Alter von 3 bis 8 Jahren zusammen mit ihren Begleitern die ersten Schritte in die Welt der Technik und Naturwissenschaften unternehmen.

Welche Fahrgeschäfte stehen im Innenhof des Deutschen Museums?

Wenn du Lust hast, kannst du dich im Museum noch ein wenig umsehen. Ansonsten endet unsere Schnitzeljagd hier.

Viele Schulklassen besuchen jedes Jahr das Deutsche Museum.

Die Außenstellen des Deutschen Museums
Du solltest auf keinen Fall verpassen, auch die Zweigstellen des Deutschen Museums zu besuchen. Im **Verkehrszentrum** auf der Theresienhöhe kannst du alles zum Thema Fortbewegung, Verkehr und Reisen entdecken, und in der **Flugwerft Schleißheim** beeindrucken Objekte zum Thema Luft- und Raumfahrt, wie z. B. alte Doppeldecker, ein neuer Polizeihubschrauber und eine Europa-Rakete.

3

Rund um die Residenz

Wo die Wittelsbacher über die Jahrhunderte lebten
und regierten

- **Dauer:** 1½ bis 2 Stunden
- **Route:** Max-Joseph-Platz, Maximilianstraße, Alfons-Goppel-Straße, Allerheiligen Hofkirche, Hofgarten, Odeonsplatz, Kaiserhof, Brunnenhof, Residenzstraße, Max-Joseph-Platz
- **Ausgangs- und End-punkt:** Max-Joseph-Platz, zu erreichen vom Odeonsplatz (U-Bahn-Linien U3, U4, U5 und U6, Bu-linien 100 und N40) über die Residenzstraße

Die Residenz war ein halbes Jahrtausend lang Sitz der bayeri-schen Herzöge, Kurfürsten und Könige. Die Tour führt uns ein-mal um dieses imposante Gebäude herum.

Wir beginnen unseren Rundgang auf dem Platz vor der **Oper**. Man nennt daher diesen Platz auch Opernplatz. Der offizielle Name des Platzes ist aber ein ganz anderer.

 Kannst du den offiziellen Namen des Platzes herausfinden? (Schau dich um, ob du ein Straßenschild sehen kannst!)

Das **Münchner Nationaltheater** oder die **Oper** ist ein Ort, an dem Opern und Ballett aufgeführt werden. Das Gebäude wurde im Auftrag von König Max I. zwischen 1811 und 1818 als Königliches Hoftheater von dem Architekten Carl von Fischer im klassizistischen Stil erbaut. Das heißt, Carl von Fischer hatte einen klassischen Tempel, wie man ihn in Griechenland oder Italien besichtigen kann, als Vor-bild für dieses Bauwerk genommen. Das war eine große Mode im 19. Jahr-hundert. Gleich neben der Oper auf der linken Seite findest du das **Residenz-theater**, in dem Theaterstücke gezeigt werden.

Kennst du den Unterschied zwischen Theater, Oper und Ballett?

Wir gehen nun in die Mitte des Platzes und sehen das Denkmal des Landesherrn, nach dem der Platz seinen Namen erhalten hat: **König Maximilian I. Joseph,** auch Max I. genannt.

❔ **Weißt du, wer das Denkmal für König Max I. und wer den Sockel dazu gestaltet hat? Und kannst du sogar herausfinden, wann das gewesen ist? (Wenn du einmal um das Denkmal herumläufst, kannst du einen Hinweis finden.)**

In der Oper fanden bereits 1854 die ersten Opernfestspiele statt, die bis heute jedes Jahr veranstaltet werden.

Nun drehen wir uns so, dass die Oper rechter Hand von uns liegt und erblicken die südliche Fassade der **Residenz**.

🔍 Die **Residenz** war ein halbes Jahrtausend Sitz der Wittelsbacher Herrscher. Genauso lange bauten Herzöge, Kurfürsten und Könige ihren Wohn- und Regierungssitz an und um, bis schließlich ein stattlicher Gebäudekomplex entstanden war, der heute zehn Innenhöfe und über 113 Prunksäle beherbergt. Die Residenz wird auch die Herzkammer Bayerns genannt, da hier die Schätze des Landes aus Gold, Silber und Edelsteinen aufbewahrt werden. Falls du dich für diese Kostbarkeiten interessierst, kannst du sie in der Silber- und Reliquien- und besonders in der Schatzkammer der Residenz bewundern.

König **Maximilian I. Joseph** (1799–1825) war der erste König von Bayern. 1806 wurde er von dem französischen Kaiser Napoleon zum König ernannt, da er ihn in den Kriegen mit seinem bayerischen Heer tatkräftig unterstützt hatte. Die Königswürde war dann Napoleons Dank an Max I. Seine Gemahlin war Karoline von Baden.

29

Das Geschlecht der Wittelsbacher

Das Haus **Wittelsbach** ist ein altes Adelsgeschlecht, dessen Herrscher seit Otto von Wittelsbach, also seit 1180, in Bayern regierten. Noch heute lebt ein Wittelsbacher im Nymphenburger Schloss, der aber keine regierende Tätigkeit mehr ausübt. Es ist Franz Bonaventura Adalbert Maria Prinz von Bayern, auch Herzog Franz genannt.

Ein **Herzog** war Landesherr einer Region. Die Herzogwürde wurde vom König als Lehen, also als Leihgabe vergeben und konnte ebenso wieder genommen werden.

Von den **Kurfürsten** gab es nur wenige. Sie durften die Könige und Kaiser wählen. Im mittelalterlichen Deutschland gab es gerade einmal sieben davon. Maximilian I. (1597–1651) war der erste bayerische Herrscher, der die Kurwürde – so nannte man das Amt – nach München holte.

Der **König** war schließlich der höchste Würdenträger in einem unabhängigen Staat. Darüber kam nur noch der **Kaiser**.

 War Maximilian I. Joseph ein Herzog, ein Kurfürst oder ein König?

Das Gebäude mit den großen Steinquadern, welches wir gerade vor uns haben, gehört zu den jüngsten Bauabschnitten der Residenz. Es wird **Königsbau** genannt.

Der **Königsbau** entstand von 1826 bis 1835 unter König Ludwig I, dem Sohn von König Max I. Er ließ hier von seinem Hofarchitekten Leo von Klenze – dessen Bauwerken man in München an vielen Plätzen und Straßen begegnet – für sich und seine Gemahlin prunkvolle Wohn- und Arbeitsräume nach dem Vorbild italienischer Paläste bauen.

 Weißt du, wie das Fest genannt wird, das jedes Jahr im Herbst auf der Theresienwiese stattfindet?

Wir verlassen nun den Platz in Richtung Maximilianstraße, bleiben auf der linken Straßenseite und gehen an der Fassade

Die Allerheiligen-Hofkirche erinnert an Italien.

der Oper entlang bis zur Alfons-Goppel-Straße, in die wir links einbiegen. Das moderne Gebäude aus Glas auf der rechten Straßenseite gehört ebenso zur Oper. In den oberen Geschossen sind die Probenräume untergebracht, und wenn du nach oben siehst, kannst du einen Verbindungsgang zum alten Bau sehen, durch den die Sänger und Tänzer mit großer Aufregung zur Bühne eilen.

Wir gehen nun durch einen kleinen Durchgang mit einer Schranke linker Hand und kommen auf einen Platz, auf dem wir eine große Kirche erblicken: Die **Allerheiligen-Hofkirche**.

Der Auftraggeber der **Allerheiligen-Hofkirche** war wieder König Ludwig I, der hier zwischen 1826 und 1837 eine süditalienische Kirche aus Palermo in Sizilien nachgestalten ließ, in der er einmal einer solch bewegenden Christmette beigewohnt hatte, dass er das Erlebnis mit nach Hause nehmen wollte. Ursprünglich war die Kirche reich geschmückt und bemalt. Reste der Gemälde kannst du im Inneren des Kirchenraums am Ende des rechten Ganges noch bewundern.

Die Kirche wurde im Zweiten Weltkrieg sehr stark zerstört und erst vor einigen Jahren wieder aufgebaut. Sie wurde jedoch nicht wieder geweiht, das heißt, heute finden hier keine Gottesdienste mehr statt, sondern sie dient als Veranstaltungsort für klassische Konzerte, Preisverleihungen und andere kulturelle oder gesellschaftliche Veranstaltungen.

Was ist auf dem Teilstück des Gemäldes im Inneren der Allerheiligen-Hofkirche auf der rechten Seite dargestellt?

Gleich rechts neben der Kirche ist ein kleiner Garten angelegt, hier kannst du die schöne Atmosphäre genießen.

Wie heißt der Garten neben der Allerheiligen-Hofkirche?

Wir gehen an der Ostfassade der Residenz entlang und kommen an den **Kronprinz-Rupprecht-Brunnen**. Er wurde nach dem letzten Kronprinzen von Bayern, dem Sohn König Ludwigs III., benannt.

Als **Ludwig I.** (1786–1868) noch Kronprinz war, heiratete er 1810 die junge Therese Charlotte Louise von Sachsen-Hildburghausen. Die Hochzeit wurde auf einer großen Wiese außerhalb der Stadt mit einem großen Fest gefeiert, zu dem die ganze Münchner Bevölkerung eingeladen war. Seit diesem Jahr wird dieses Fest alljährlich im Oktober auf der Theresienwiese (benannt nach der jungen Braut) gefeiert, und nach wie vor kommen die Münchner und zahlreiche Besucher aus anderen Städten und sogar aus anderen Ländern und Kontinenten in großen Scharen.

Ein **Kabinettsgarten** wird so genannt, weil er wie ein Kabinett, ein kleiner Raum, gestaltet ist. Er diente als Rückzugsmöglichkeit in den Schlössern. Hier wurden vertrauliche Gespräche geführt, oder Verliebte trafen sich hier heimlich.

Der Kronprinz-Rupprecht-Brunnen an der Ostfassade der Residenz

Die Bayerische Staatskanzlei ist der Sitz des bayerischen Ministerpräsidenten.

Was hält die Brunnenfigur des Kronprinz-Rupprecht-Brunnens in der rechten Hand?

Wenn du dich einmal um die eigene Achse drehst, siehst du genau gegenüber den **Marstallplatz**.

Wenn du dir das große gelbe Gebäude genau ansiehst, kannst du in den runden Schildern unter dem Dach erkennen, was ursprünglich hier untergebracht war. Was war es?

Der **Marstall** (der Stall für die Mähre, so hieß früher das Pferd) wurde 1822 von Leo von Klenze ursprünglich als Hofreitschule gebaut. Heute nutzt man ihn als Kulissendepot des Nationaltheaters und als Theater- und Konzertsaal.

Wir gehen weiter und kommen in den **Hofgarten**, der die Residenz nach Norden hin begrenzt.

Der Hofgarten ist von allen Seiten eingegrenzt. Wenn Du mit dem Rücken zur Residenz stehst, ist rechts vor dir die **Bayerische Staatskanzlei** zu sehen. Sie wurde 1992 fertiggestellt. Die Architekten haben hier moderne Elemente aus Glas und Stahl mit alter Bausubstanz kombiniert und so das historische Militär- und Armeemuseum kunstvoll in einen neuen Komplex einbezogen. Das einstige Museum war um 1900 entstanden und ist in der Mitte des Gebäudes mit der Kuppel zu sehen. Heute arbeitet hier der bayerische Ministerpräsident.

Weißt du, wie der bayerische Ministerpräsident heißt?

Der **Hofgarten**, Anfang des 17. Jahrhunderts unter Kurfürst Maximilian I. (1597–1651) als italienischer Barockgarten mit reich geschmückten Blumenbeeten und schattenspendenden Bäumen angelegt, wird bis heute für Ruhepausen und gemütliche Spaziergänge genutzt. In der Mitte des Gartens steht der **Dianatempel**. Die Wände im Inneren schmücken vier Muschelbrunnen. Besonders in den lauen Sommermonaten kann man hier den Melodien von Straßenmusikanten lauschen.

Die Bronzefigur auf dem Dach ist ein Sinnbild für Bayern, und die Gegenstände, die sie umgeben, stel-

len die Reichtümer des Landes dar. Daher wird die Gestalt auch **Tellus Bavarica**, die »Bayerische Erde«, genannt.

Kannst du erkennen, welche Gegenstände die »Tellus Bavarica« auf dem Dianatempel im Hofgarten bei sich hat, die die Reichtümer des Landes Bayern beschreiben?

Die nördliche und westliche Seite des Hofgartens ist mit einem überdachten Gang mit Rundbögen, sogenannten Arkaden, abgeschlossen. Wir gehen nun in Richtung Odeonsplatz. Doch bevor wir durch das große Hofgartentor den Platz erreichen, betreten wir die Hofgarten-Arkaden und sehen, dass sie reich mit Gemälden ausgeschmückt sind, die die bayerische Geschichte und Episoden aus der Familiengeschichte der Wittelsbacher darstellen.

Der Hofgarten mit dem Dianatempel und den farbenfrohen Blumenrabatten zieht im Sommer viele Sonnenanbeter an.

Kannst du auf den Gemälden in den Arkaden herausfinden, wann König Ludwig IV. der Bayer zum Kaiser gekrönt wurde, und wo die Krönung stattfand? (Jedes der Bilder trägt eine Überschrift!)

 Wir kommen nun auf den **Odeonsplatz,** wenden uns nach links, gehen weiter die Fassade entlang und biegen wieder nach links in einen der Höfe der Residenz, in den **Kaiserhof.** Wenn dich die anderen Sehenswürdigkeiten des Odeonsplatzes interessieren, so kannst du sie in der Schnitzeljagd durch das Kreuzviertel (siehe Seite 44 bis 53) kennenlernen.

Wie viele runde Fenster kannst du hier im Kaiserhof zählen?

Wir gehen weiter in die Residenz und kommen in den nächsten, den **Apothekenhof.** Dieser Hof wird so genannt, weil man annimmt, dass sich hier die Hofapotheke befunden habe. Von hier gelangen wir nach rechts in den **Brunnenhof.** Wenn du einmal ganz still bist, kannst du vielleicht wahrnehmen, dass der Lärm der Stadt, der ja nur wenige Meter von hier entfernt ist, nicht bis in den Brunnenhof vordringt, und dass du hier in einer kleinen Oase der Ruhe gelandet bist.

Auch der **Kaiserhof** entstand unter dem Kurfürsten Maximilian I. und gehört zu der sogenannten Maximilianischen Residenz. Diesen Bauabschnitt kannst du daran erkennen, dass viele Elemente der Architektur, wie Säulen, Fenster oder Verzierungen, nur aufgemalt wurden. Da es sich nicht um echte architektonische Elemente handelt, nennt man diesen Stil auch Scheinarchitektur. Das war im 17. Jahrhundert eine Mode aus Italien.

Der Brunnenhof ist eine Oase der Ruhe inmitten des Innenstadttrubels.

Der große schwarze Stein und die Eisenhaken in der Wand weisen auf Herzog **Christoph den Starken** hin, der vor mehr als 500 Jahren hier lebte. Er soll so stark gewesen sein, dass er den Stein bei seinen täglichen Kraftübungen regelmäßig gehoben hat. Darüber hinaus erzählt man sich, er habe so hoch springen können, dass er die eisernen Haken in der Wand mit seiner Ferse berührte. Damit niemand auf die Idee kommt, den schwarzen Stein Christoph des Starken einfach mitzunehmen, hat man ihn zur Sicherheit angekettet.

Der **Brunnenhof** ist das Herz der Residenz. Er verdankt seinen Namen dem Wittelsbacher Brunnen, der von einer Bronzestatue Herzog Otto I. bekrönt wird.

Der Brunnen wurde 1611 aufgestellt. Vier Götter, die die vier Elemente, und vier weitere Brunnengestalten, die die vier großen bayerischen Flüsse versinnbildlichen sollen, schmücken ihn.

Kannst du die vier Elemente aufzählen?
   F _ _ _ _ , W _ _ _ _ _ , L _ _ _ und E _ _ _

Und kennst du auch die vier großen bayerischen Flüsse?
   D _ _ _ _ , L _ _ _ , I _ _ _ und I _ _ (Einer davon fließt sogar durch München!)

Wir verlassen den Hof durch den anderen Ausgang und können im Durchgang links einen Blick in den **Grottenhof** werfen, der ein Teil des Residenzmuseums ist.

Der **Grottenhof** bekam den Namen wegen der Grotte, einer künstlich geschaffenen Höhle, die in der zweiten Hälfte des 16. Jahrhunderts von Herzog Wilhelm V. (1579–1597) gebaut wurde. Die Grotte ist reich mit Fundsachen aus dem Starnberger See verziert.

Kannst du erkennen, was man im Starnberger See zum Schmücken der Grotte gesammelt hat?

Gleich gegenüber siehst du einen großen schwarzen Stein auf dem Boden sowie drei Eisenhaken, die ungefähr in zwei bis drei Metern Höhe in die Wand eingelassen wurden.

Was glaubst du, wie schwer ist der Stein?
   ❑ 17 Kilogramm   ❑ 182 Kilogramm   ❑ 581 Kilogramm?

Wir verlassen nun die Residenz über den lang gestreckten **Kapellenhof** und kommen wieder auf die **Residenzstraße**, auf der wir nach links abbiegen.

Wir gehen weiter die Residenz entlang und werfen einen Blick in den nächsten Hof, in den **Königsbauhof**. Der Hof trägt diesen Namen, weil die Hauswand rechter Hand zum Königsbau gehört, den wir am Anfang unserer Schnitzeljagd schon kennengelernt haben. Hier im Königsbauhof befindet sich der Eingang in das Residenzmuseum.
Am Eingang zum Königsbauhof kannst du dir auch einen Plan der Residenz ansehen und nochmals nachvollziehen, wo wir heute überall gewesen sind, und die Antwort auf die letzte Frage finden.

**Wie viele Höfe gibt es in der Residenz?
Und wie heißen sie?**

Wir gehen weiter auf der Residenzstraße und kommen wieder auf den Max-Joseph-Platz, wo unsere Tour begann und nun zu Ende ist.

Im Residenzmuseum werden regelmäßig kostenlose Kinderführungen durch die Schauräume und zu den Kostbarkeiten vergangener Jahrhunderte angeboten. Wenn du dich darüber informieren möchtest, so kannst du dir im Eingangsbereich des Museums einen kleinen Veranstaltungskalender mit den Terminen für die nächsten Führungen holen.

Ist dir schon einmal aufgefallen, dass die Eingänge zur Residenz – also zum Kaiserhof, wo wir hineingingen, und zum Kappellenhof, aus dem wir gerade herauskommen – von zwei großen **Löwen** bewacht werden? Und vielleicht hast du auch schon einmal bemerkt, dass deren Nasen ganz blank poliert sind, sodass sie fast golden glänzen?
Das liegt daran, dass es in München der Brauch ist, beim Vorübergehen die Nasen der Löwen zu streicheln. (Wenn du ein paar Minuten stehen bleibst, kannst du es gleich beobachten!) Man sagt, dadurch habe man an diesem Tag Glück und irgendwann sogar einmal die Möglichkeit, einen Teil der Reichtümer der Residenz zu bekommen.

4

Streifzug durch den Englischen Garten

Wo früher gejagt wurde, erholen sich heute die Münchner

Bei dieser Tour wandern wir durch Münchens beliebteste Erholungsoase, machen Rast im zweitgrößten Biergarten der Stadt, sehen Surfer auf dem Eisbach und entdecken den Park.

■ **Dauer:** etwa 2 Stunden
■ **Route:** Professor-Huber-Platz, Monopteros, Chinesischer Turm, Eisbach, Haus der Kunst, Prinz-Carl-Palais, Odeonsplatz
■ **Ausgangspunkt:** Universität (U-Bahn-Linien U3 und U6, Buslinien 154 und N40)
■ **Ziel:** Odeonsplatz (U-Bahn-Linien U3, U4, U5 und U6, Buslinien 100 und N40)

Wir starten unsere Tour am **Professor-Huber-Platz**. Der Platz mit dem schönen Brunnen ist benannt nach einem der Gründungsmitglieder der Widerstandsgruppe gegen das nationalsozialistische Regime im 2. Weltkrieg. Diese Gruppe nannte sich »**Die weiße Rose**«.

Die Gebäude, die diesen Platz und den Platz gegenüber umgeben, gehören zur **Ludwig-Maximilians-Universität** (genannt LMU). Sie befand sich anfangs in Ingolstadt, danach in Landshut und wurde 1826 von König Ludwig I. nach München verlegt. Hier studieren etwa 50 000 Studenten bei mehr als 3 000 Hochschullehrern; nicht alle im Hauptgebäude, denn die einzelnen Studienfächer sind auf Gebäude in ganz München verteilt. Es gibt in München noch eine weitere Universität: die Technische Universität (TUM) mit etwa 20 000 Studenten und etwa 4 000 Hochschullehrern.

 **Wie viele Bäume wurden am Geschwister-Scholl-Platz gepflanzt?**

Als Erstes folgen wir der Veterinärstraße, die vom Professor-Huber-Platz abzweigt. Am Ende der Straße überqueren wir die Königinstraße und sehen auf der linken Seite ein großes gelbes Gebäude.

Die »Weiße Rose«

Im Jahr 1942 gründeten Studenten und der Philosophieprofessor Dr. Kurt Huber, nach dem der Platz vor der Universität benannt ist, eine Widerstandsgruppe gegen den Nationalsozialismus. Sie verteilten Flugblätter und protestierten gegen die Regierung unter Adolf Hitler. Zu den Mitgliedern gehörten auch die Geschwister Hans und Sophie Scholl. Eines Tages, im Februar 1943, wurden sie jedoch vom Hausmeister der Universität beim Verteilen der Flugblätter erwischt und kurz darauf dafür hingerichtet. Ihnen zu Ehren heißt der Platz gegenüber Geschwister-Scholl-Platz.

 **Was befindet sich in diesem Gebäude?**

Auf der rechten Seite siehst du das **Milchhäusl**. Dieses Häuschen gibt es schon seit 1896 und diente damals als Geräteschuppen für die angrenzenden Pferdestallungen. Heute gehört es zum Hofbräu und bietet einen kleinen Biergarten mit Bio-Imbiss. Wir gehen geradeaus weiter und kommen jetzt in den **Englischen Garten**. Dieser Park ist mit 373 Hektar eine der größten innerstädtischen Parkanlagen auf der ganzen Welt. Mehr als 240 Fußballfelder würden in diesen Park hineinpassen!

Kurfürst Karl Theodor (1724–1799), der in München Ende des 18. Jahrhunderts regierte, ließ hier ursprünglich einen Militärgarten anlegen. Es gab sehr wenig zu essen zu dieser

Warum heißt der Park »Englischer Garten«?
Er heißt so, weil er von dem Gartenarchitekten **Friedrich Ludwig von Sckell** (1750–1823) wie ein **englischer Landschaftsgarten** gestaltet wurde. Davor legte man Gärten im sogenannten barocken Stil an, das heißt, man ordnete die Pflanzen ganz symmetrisch an und schnitt sie dekorativ zurecht. Das Gegenteil davon war der englische Landschaftsgarten, wo die Pflanzen wieder natürlich wachsen konnten.

Der Monopteros thront über dem Englischen Garten.

Zeit. Hier sollten die Soldaten lernen, Gemüse-beete zu pflanzen, um sich selbst versorgen zu können. Leider funktionierte der Plan nicht, und aus den ehemaligen Militärgärten ent-stand unter der Leitung des Amerikaners **Sir Benjamin Thompson** (1753–1814) ein Volks-park. Die Isarauen, das ehemalige Jagdgebiet der Wittelsbacher, wurden so in eine Erholungs-landschaft für die Münchner Bevölkerung um-gewandelt.

Unser Weg führt uns geradeaus weiter, wir überqueren den Reitweg und sehen, dass nach der Brücke über den Schwabinger Bach vier Wege abzweigen. Wir folgen dem zwei-ten von links geradeaus, bis wir vor uns einen kleinen Hügel mit einem Tempel darauf er-kennen können. Wir biegen in einen Fußweg nach rechts ein und gehen danach nach links den Hügel hinauf zum **Monopteros**. Der Name dieses kleinen runden Säulentempels kommt aus dem Griechischen und bedeutet eigentlich »nur ein Flügel«, weil er aus nur einem Raum besteht. Er wurde als Dank für die Erschaffung des Englischen Gartens errichtet und bietet einen schönen Blick über den südlichen Teil des Englischen Gartens.

Von wie vielen Säulen wird das Kuppeldach des Monopteros getragen?

Finde heraus, wer den Monopteros in Auftrag gegeben hat. (Schau dir dazu die kleine Säule in der Mitte an!)

 Von hier aus kannst du verschiedene Turmspitzen der Münchner Innenstadt sehen. Erkennst du die Türme der **Frauenkirche**? (Es sind die beiden mit den Zwiebelhauben.)

Hinter dem Monopteros führen Treppen wieder nach unten. Wir halten uns links, gehen geradeaus weiter und folgen nach der Brücke links dem Kiesweg bis zum **Chinesischen Turm**. Im 18. Jahrhundert war es schick, fernöstliche Gegenstände oder Ma-lereien in Europa nachzumachen. So ähnlich, wie der Chinesische

Turm heute aussieht, stellte sich damals der Architekt einen Turm in China vor. Früher diente der Turm als Aussichtsturm über den Park. Inzwischen sind die Bäume aber so hoch gewachsen, dass man von dort keine Aussicht mehr hat. Da der Turm komplett aus Holz besteht und mit den Jahren schon ein wenig morsch geworden ist, darf man ihn nicht mehr besteigen. Im Sommer aber spielt im 1. Stock eine bayerische Blaskapelle.

Wie viele Glöckchenreihen beziehungsweise Stockwerke hat der Chinesische Turm?

Die vielen Tische und Bänke, die rund um den Chinesischen Turm stehen, gehören zum zweitgrößten **Biergarten** in München. Über 7 000 Menschen finden hier im Sommer Platz!

Wenn du am zweiten Sonntag im Juli einmal Lust hast, früh aufzustehen, dann komm doch mit deinen Eltern um 6 Uhr morgens – oder sogar noch früher – zum »Kocherlball«. Im 19. Jahrhundert trafen sich am Chinesischen Turm im Sommer jeden Sonntag die Dienstboten der reichen Leute in aller Frühe und frühstückten bei Kerzenschein und tanzten, bis sie zu ihrer »Herrschaft« zur Arbeit mussten. Seit 1989 lebt der Brauch wieder auf. Heute sind es natürlich (meist) keine »Kocherl« (Köchinnen), Laufburschen und Kindermädchen mehr, aber viele tragen alte Dienstbotenuniformen und Kleidung der damaligen Zeit.

Im Biergarten am Chinesischen Turm lässt es sich gut aushalten.

Amsel, Igel, Fuchs und Biber

Viele Tierarten leben im Englischen Garten. Neben etwa 60 Brutvogelarten sind im Park auch Eichhörnchen, Igel, Feldhasen, Wildkaninchen, Füchse und Biber zu Hause. Hast du schon eines der Tiere entdeckt? Und natürlich siehst du viele, viele Hunde, die hier »Gassi« geführt werden. Auch kannst du hier Fledermäuse beobachten! Der Landesbund für Vogelschutz (LBV) bietet regelmäßig Fledermaus-Führungen an.

Und in einem richtigen Münchner Biergarten ist es sogar erlaubt, sich sein Essen von zu Hause mitzubringen. Wundere dich also nicht, wenn du Leute siehst, die mit Tischdecke, Besteck, Geschirr und feiner Brotzeit ausgestattet am Tisch sitzen.

 Weißt du, wie der typische Biergartenbaum heißt, der hier überall wächst?

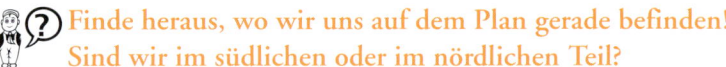 Gegenüber vom Chinesischen Turm siehst du den Standplatz der **Kutscherei Holzmann**. Von hier kann man sich in einer Pferdekutsche gemütlich durch den Englischen Garten fahren lassen. Außerdem findest du an dieser Stelle einen Plan vom Englischen Garten, der dir zeigt, wie groß der ganze Park ist.

 Finde heraus, wo wir uns auf dem Plan gerade befinden! Sind wir im südlichen oder im nördlichen Teil?

Nach dem Turm gehen wir nach rechts und danach gleich wieder links, bis wir zu einem Spielplatz kommen. Hier steht ein Holzhäuschen, in dem sich ein altes **Kinderkarussell** befindet. Das beliebte Kinderkarussell entstand 1913 und schaut so ähnlich aus, wie das Karussell, das hier ursprünglich stand. Das alte Karussell war jedoch baufällig geworden, und daher errichtete der Schwabinger Malermeister und Dekorationsmaler **August Julier** ein neues.

Das Karussell am Chinesischen Turm dreht sich nur zu bestimmten Zeiten.

Wann dreht sich das Karussell?

Wir gehen ein Stück auf dem gleichen Weg zurück, bis wir fast wieder am **Monopteros** angekommen sind. An der Kreuzung laufen wir allerdings immer geradeaus weiter und sehen verschiedene Bäume und Büsche am Wegesrand.

Viele kleine Bäche schlängeln sich durch den Englischen Garten.

**Welche Bäume und Büsche
kennst du bereits?**

Das gesamte Wegenetz im Englischen Garten hat eine Länge von etwa 78 Kilometern. Vielleicht hast du auf deinem Spaziergang schon ein paar Reiter entdeckt, denn 12 Kilometer Reitwege findest du hier mitten im Park. Sogar die Polizei ist im Englischen Garten entweder hoch zu Ross oder auf dem Fahrrad, dem »Drahtesel«, unterwegs.

Unser Weg führt uns so lange geradeaus weiter, bis wir wieder zu einer Brücke kommen, vor der wir nach links abbiegen. An diesem wunderschönen Platz mit seinem kleinen Wasserfall können wir kurz ausruhen. Der Bach vor uns ist der größte Bach im Englischen Garten und heißt **Eisbach.**

Wir gehen ein ganzes Stück meist über freie Wiese am Bach entlang, dann nicht nach rechts über die Brücke, sondern geradeaus weiter bis zum Ende des Parks. Vor uns liegt die **Prinzregentenstraße,** und rechts von dir siehst du eine Brücke. Hier schießt der Eisbach unter der Brücke hervor und staut sich zu einer großen Welle auf. Bei Wind und Wetter kommen begeisterte Surfer hierher und versuchen,

41

Eisiger Eisbach

Der Eisbach wird von der Isar abgeleitet und fließt am Ende des Parks wieder in die Isar zurück. Wie der Name schon sagt, ist das Wasser im Bach sehr, sehr kalt. Früher hat man im Winter hier Eisblöcke aus den zugefrorenen Bächen entnommen, sie bis in den Sommer in die Keller gelegt und zum Kühlen der Vorräte verwendet. Vor allem die Bierkeller im Stadtteil Haidhausen benötigten viel Eis zum Kühlen der Bierfässer in den Sommermonaten!

sich möglichst lange auf der Welle zu halten. Baden sollte man aber auf keinen Fall im Eisbach. Es sind dort schon Menschen ertrunken!

Was steht auf dem Schild vor dem Bach?

Als Nächstes laufen wir nach rechts über die Brücke und biegen danach gleich wieder nach rechts in Richtung Park ein. Links von dir siehst du ein großes graues Gebäude mit Säulen. Das ist das **Haus der Kunst**, in dem heute unterschiedliche Ausstellungen gezeigt werden. Adolf Hitler ließ es ursprünglich als »Haus der deutschen Kunst« errichten, und nach dem Zweiten Weltkrieg nutzten die Amerikaner das Gebäude zunächst als Basketballhalle, da es so hohe Räume hatte. Sie richteten sich dort auch ein Offizierskasino ein, das sich im Laufe der Jahre zur angesagtesten Diskothek Münchens entwickelte. Hier verkehrt heute die Münchener Prominenz, berühmte Schauspieler, Fußballer und solche, die es werden wollen. Vor dem Eingang befindet sich ein Schild mit der Aufschrift: »**P1**«.

Was bedeutet »P1«? (Tipp: Es ist die Abkürzung des Straßennamens, an der das Gebäude mit der _ _ _ _nummer 1 liegt!)

Wir überqueren nicht den Parkplatz, sondern folgen dem Weg am Eisbach entlang und sehen nach wenigen Metern auf einer kleinen Insel vor uns ein Gebäude: das **Japanische Teehaus**. Dieses war ein Geschenk von Japan an den Freistaat Bayern anlässlich der Sommerolympiade 1972. Von April bis Oktober kannst du an bestimmten Wochenenden hier zuschauen, wie eine japanische Teezeremonie abläuft.

Was steht auf dem Stein links neben dem Eingang?

Nach dem Teehaus überqueren wir die Brücke und wenden uns unmittelbar danach nach links, gehen durch die Unterführung unter der breiten Von-der-Tann-Straße durch und gleich wieder nach rechts die Stufen hinauf. Oben angekommen, siehst du rechts von dir ein gelbes Gebäude. Das ist das **Prinz-Carl-Palais**.

Weißt du, für welchen Zeitraum der bayerische Minister-präsident vom Landtag gewählt wird? (Wenn du es nicht weißt, frage einfach jemanden).

Wir folgen den Treppen noch weiter und kommen nach wenigen Schritten in den Hofgarten. Links siehst du einen schwarzen, würfelförmigen Stein aus Granit, in den Sätze eingeritzt sind. Die Sätze sind Flugblättern entnommen, welche die Widerstandsgruppe »Weiße Rose« verteilt hat, von der du ganz am Anfang der Tour schon etwas erfahren hast. Dieses ist der **Gedenkstein der Opfer des Nationalsozialismus**.

Gehst du nach dem Gedenkstein nach links die Stufen hinunter, kommst du zum ehemaligen **Hofbrunnwerk**, das auch heute noch von April bis Mitte Oktober täglich in Betrieb ist und die Brunnen im Hofgarten mit Isarwasser speist.

Wenn du noch Lust hast, kannst du auf den Seiten 32 und 33 noch Näheres über den Hofgarten erfahren. Ansonsten laufen wir durch den Hofgarten zum **Odeonsplatz** zurück, wo unsere Schnitzeljagd endet.

Prinz-Carl-Palais

Gebaut wurde das Palais bereits Anfang des 19. Jahrhunderts, danach jedoch häufig verändert. Den Namen erhielt es, als der Bruder von König Ludwig I., Prinz Carl, hier einzog.

Seit 1969 ist es der offizielle Amtssitz des bayerischen Ministerpräsidenten. Hier werden jedoch nur Gäste empfangen. Sein Büro hat der Ministerpräsident schräg gegenüber in der Bayerischen Staatskanzlei (siehe Tour Nr. 3).

Im Englischen Garten ist die Polizei auch hoch zu Ross unterwegs.

5   Das Kreuzviertel

Wo der Teufel und diebische Elstern ihr Unwesen trieben

■ **Dauer:** 2 bis 2½ Stunden
■ **Route:** Odeonsplatz, Theatinerstraße, Salvatorstraße, Promenadeplatz, Frauenkirche, Neuhauser Straße, Karlstor
■ **Ausgangspunkt:** Odeonsplatz (U-Bahn-Linien U3, U4, U5 und U6, Buslinien 100 und N40)
■ **Ziel:** Karlsplatz (alle S-Bahnlinien, U-Bahn-Linien U4 und U5, Straßenbahnlinien 16, 17, 18, 19, 20, 21, 27, N19, N20, N27, Buslinie N40)

Unser Weg führt uns durch das Kreuzviertel, einen alten Stadtteil von München. Hier soll das Zentrum der Geistlichkeit gewesen sein – große, kleine, bekannte und unbekannte Kirchen geben noch heute ein Zeugnis davon.

Wir beginnen unsere Schnitzeljagd am **Odeonsplatz** vor der Reiterstatue König Ludwigs I., zwischen Odeonsplatz 3 und 5. Dieser Platz hat seinen Namen von dem »**Odeon**«, einer überdachten Konzerthalle. Das Wort kommt vom griechischen »odeion« und heißt »Lied«. Das Gebäude wurde im Zweiten Weltkrieg so stark zerstört, dass es später nur noch teilweise wiederaufgebaut werden konnte. Heute ist hier das Innenministerium untergebracht. Du erkennst es daran, dass meistens Polizisten das Gebäude bewachen. Das Odeon wurde vor fast zweihundert Jahren (1826-1828) nach einem Entwurf von Leo von Klenze errichtet und bildet die Südwestecke des Platzes.

Das Reiterstandbild stellt den zweiten König von Bayern, **König Ludwig I.,** dar. Ihm und seinen Architekten Leo von Klenze und Friedrich von Gärtner haben wir die Prachtstraße »Ludwigstraße« zu verdanken, die nach König Ludwig I. benannt wurde und die von hier bis zum Siegestor reicht. Dieses Tor siehst du in der Ferne, wenn du in Richtung Norden, also stadtauswärts, nach Schwabing blickst.

Kannst du die Hausnummer des ehemaligen Odeons herausfinden?

Wusstest du, dass dieser kleinere Platz der eigentliche Odeonsplatz ist? Heute nennen wir aber das gesamte Areal

Hinweis: Manchmal finden im Odeon auch heute noch Konzerte statt, und man darf auch einen schnellen Blick hineinwerfen. Man muss aber an der Pforte fragen.

vom Café Tambosi und der Feldherrnhalle bis eben zu diesem Platz den Odeonsplatz.

 Was kannst du auf den Tafeln lesen, welche die zwei Knappen neben dem Reiter, König Ludwig I., in den Händen halten?

 Wir gehen jetzt vor auf den großen Platz mit der Säulenhalle und der gelben Kirche. Wenn du die Residenz, das große Gebäude gegenüber der schönen gelben Kirche, genauer kennenlernen möchtest, mach doch die Schnitzeljagd 3 »Rund um die Residenz«.
Wir schauen uns zunächst die gelbe Kirche, die **Theatinerkirche**, an.

Wie heißen die Architekten der Theatinerkirche?

Ein weiteres wichtiges Gebäude an diesem Platz ist die **Feldherrnhalle**. König Ludwig I. ließ sie zu Ehren der

Die Theatinerkirche ist St. Kajetan geweiht und eine **Votivkirche**, das bedeutet, sie wurde aufgrund eines Gelübdes erbaut. Sie geht zurück auf das Kurfürstenpaar Ferdinand Maria (1636–1679) und Henriette Adelaide von Savoyen (1636–1676), die bereits im Alter von 14 Jahren vermählt wurden. Man sagt, sie hätten sich aber trotzdem sehr geliebt. Umso trauriger waren sie, dass ihnen nach zehn Jahren Ehe immer noch kein Thronfolger geboren wurde. So schworen sie, wenn ihnen doch ein Sohn geboren würde, so würden sie die schönste Kirche der Stadt stiften. Der Sohn wurde geboren und die Kirche gebaut.

Die Theatinerkirche auf dem Odeonsplatz

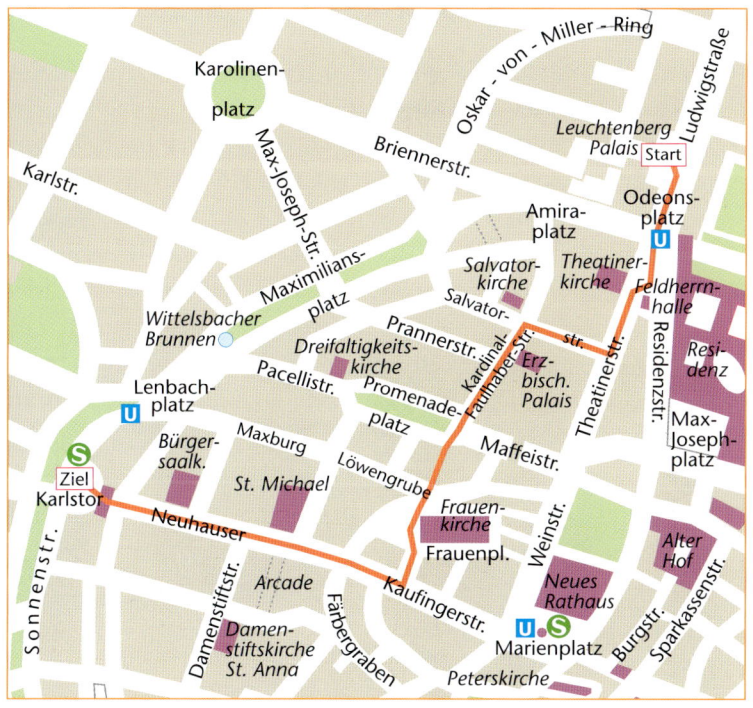

bayerischen Feldherren von Friedrich von Gärtner nach dem Vorbild der Loggia dei Lanzi in Florenz erbauen, weil ihm dieses Gebäude und die Stadt Florenz so gut gefielen. Außerdem sollte das Gebäude den Übergang von der historischen Altstadt zu der prachtvollen Ludwigstraße mildern. Rechts und links der großen Treppe wachen zwei steinerne Löwen, in der Halle selbst befinden sich zwei Bronzestandbilder und das Bayerische Armeedenkmal.

Wie heißen die zwei Feldherren, deren Standbilder in der Feldherrnhalle zu besichtigen sind?

Der Eingang der Salvatorkirche

Wir stehen vor der Feldherrnhalle und gehen rechts an ihr vorbei in die Theatinerstraße. Von hier aus biegen wir nach rechts in die Salvatorstraße ein und folgen ihr, bis wir bei einer Kirche ankommen, die aus rotem Ziegelstein errichtet wurde: die **Salvatorkirche**.

Heute beherbergt die Salvatorkirche die **griechisch-orthodoxe Gemeinde** der Stadt. Wenn du sie dir ansiehst, so erkennst du, dass sie ganz anders als die Kirchen ist, die man normalerweise in Bayern sehen kann. Sie ist nicht mit Gold und bunten Farben, allerlei Verzierungen und Engelchen versehen. Im Inneren kannst du stattderer **Ikonen** bewundern. Das sind Tafelbilder, auf denen in den griechisch-orthodoxen Kirchen Heiligenbilder und biblische Szenen gemalt wurden.

Sie war ursprünglich die Pfarrkirche der Gemeinde zu Unserer Lieben Frau, also der Frauenkirche, bei der wir später noch vorbeikommen werden. Hier war der Friedhof der Gemeinde, bis er Ende des 18. Jahrhunderts unter dem Kurfürsten Karl Theodor vor die Stadt verlegt wurde. Wenn du später an der Frauenkirche vorbeikommst, kannst du eine Auswahl der damaligen Grabsteine noch heute an der Fassade der Kirche finden.

Wenn du dir den hölzernen und reich geschmückten Altarbereich in der Salvatorkirche betrachtest, so siehst du einige Ikonen. Welche Szene ist auf der rechteckigen Tafel über dem Durchgang dargestellt?

Zurück auf der Salvatorstraße biegen wir nach rechts in die Kardinal-Faulhaber-Straße ein und gehen bis zum **Erzbischöflichen Palais**, das du in der Hausnummer 7 findest. Dort residiert heute Erzbischof Dr. Reinhard Marx. Aber hast du gewusst, dass in den Jahren von 1977 bis 1982 hier Joseph Kardinal Ratzinger lebte, der heute unser Papst Benedikt XVI. ist?

> Das **Erzbischöfliche Palais** hieß früher Palais Holnstein, da es Kurfürst Karl Albrecht für seinen unehelichen Sohn Franz Ludwig von Holnstein durch François de Cuvilliés (ausgesprochen Küwilliee) den Älteren erbauen ließ.

Kannst du herausfinden, wann François de Cuvilliés das Erzbischöfliche Palais erbaute?

Wir folgen der Kardinal-Faulhaber-Straße und kommen nun zum Promenadeplatz, an dem das erste Hotel der Stadt zu sehen ist.

Das **Hotel Bayerischer Hof** wurde 1841 auf Wunsch von König Ludwig I. als komfortable Herberge eröffnet und zählt auch heute zu den feinen Adressen der Stadt. Es ist besonders bei Gästen mit höchsten Ansprüchen oder für offizielle Empfänge sehr beliebt. Eines seiner Restaurants ist das »Trader Vic's«, das zu den »Lieblingskneipen« von Boris Becker gehören soll.

Wenn du dir das hauseigene Wappen auf der Eingangstür des Hotels genau ansiehst, kannst du Hinweise auf das bayerische Königshaus und auf das Land Bayern finden. Welche sind das?

> Auf dem **Promenadeplatz** befand sich ursprünglich der Salzmarkt. Hier wurde das Salz in den städtischen Salzstadeln gelagert, denn alle Händler, die München auf der Durchreise passieren wollten, mussten ihre Waren drei Tage in der Stadt lagern. Unter König Ludwig I. erhielt der Platz dann seine Gestalt, wie wir sie heute kennen. Und schon seit jener Zeit wird er von den schmucken Palais und Stadtvillen begrenzt, in denen sich bis heute Kanzleien von Anwälten und Notaren, Arztpraxen und Banken befinden.

Kannst du dir vorstellen, warum Salz zur damaligen Zeit für die Menschen so kostbar war, dass man es sogar das »weiße Gold« nannte? (Vielleicht haben ja deine Eltern eine Idee!)

Dir ist bestimmt auch schon die große silberne Gestalt in der Mitte des Platzes aufgefallen. Sie stellt **Maximilian Graf von Montgelas** dar, einen Minister unter König Maximilian I. Joseph. Bayern war 1806 zum Königreich erhoben worden, und man brauchte daher neue Regelungen – man sprach damals wie heute von Reformen. Diese sinnvoll und friedlich durchzuführen, war Montgelas' Aufgabe. So wurde beispielsweise die allgemeine Schulpflicht eingeführt. Darüber hinaus setzte er durch, dass alle vor dem Gesetz gleich seien, egal ob Bettler oder Edelmann. Das Gebäude rechts neben dem Hotel ist das **Palais Montgelas**, in dem er während seiner Amtszeit arbeitete. Heute befinden sich hier die ganz feinen Zimmer, die sogenannten Suiten des Hotels.

Die zwei Türme der Frauen-kirche sind das Wahrzeichen der Stadt.

Wir gehen weiter durch die Passage der Dresdner Bank neben der Galerie Terminus und kommen über diesen Schleichweg zur Domkirche »Unserer Lieben Frau«, kurz **Frauenkirche** genannt. Sie ist die Bischofskirche des Erzbistums München und Freising. Die Kirche kannst du von hier aus auch schon sehen.

Auf dem Platz vor der Frauenkirche findest du noch eine kleine **Stadt-ansicht** der Münchner Altstadt. Wenn du genauer hinsiehst, so erkennst du, dass die Gebäude mit Blindenschrift versehen sind. Hier kannst du nachvollziehen, durch welche Gassen dich die Schnitzeljagd schon geführt hat.

Die **Frauenkirche** wurde vor mehr als fünfhundert Jahren (1468–1488) von dem Baumeister Jörg von Halsbach, genannt Ganghofer, in einer Rekordzeit von zwanzig Jahren erbaut. (Jörg von Halsbach hat desweiteren auch das Alte Rathaus auf dem Marienplatz gebaut.) Wenn man bedenkt, dass andere große Kirchen, wie die Kathedralen in

Frankreich oder der Kölner Dom, erst nach mehreren Jahrhunderten fertiggestellt waren, so wundert es nicht, dass die Münchener Bevölkerung vermutete, dass es hier nicht mit rechten Dingen zuginge. Und so entstand die Legende des Teufelstritts.

Die Kirche beeindruckt besonders durch ihre Größe: Sie ist 109 Meter lang, 40 Meter breit und die Türme (im Volksmund »Stasi« und »Blasi« genannt) sind fast 100 Meter hoch.

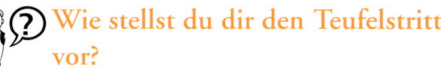 Stimmt es, dass innerhalb des Mittleren Rings in München kein Bauwerk höher als die Türme der Frauenkirche sein darf?

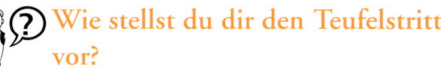 Wie stellst du dir den Teufelstritt vor?

Wir betreten die Kirche durch den Haupteingang, über dem die zwei großen Türme in den Himmel ragen. Gleich auf der linken Seite kannst du ein Modell des Kirchenbaus finden und dir die Details genau ansehen. Der Innenraum ist sehr schlicht gehalten. Er wirkt vor allem durch seine Größe und Erhabenheit,

Ein Kaiser aus Bayern

Vor mehr als 600 Jahren (1328) wurde der Wittelsbacher **Ludwig IV. der Bayer** (1282–1347) in Rom zum Kaiser gekrönt. Welche Sensation das für die Residenzstadt war, kann man sich vorstellen. Diesen Anlass nahm Kurfürst Maximilian I. ungefähr 400 Jahre später zum Anlass, seinem Vorfahren ein Grabmal zu errichten, um auf diese Weise die Macht und Pracht seines Landes und seiner Geschichte zu zeigen. Wenn du die Frauenkirche über das Hauptportal betreten hast, kannst du das Grabmal gleich rechts sehen. Dieses Grabmal ist nur eine symbolische Ruhestätte, da der Leichnam in der Gruft bestattet ist.

Die Legende vom Teufelstritt

Vor fünfhundert Jahren benötigte der Bau einer großen Kirche meist weit mehr als hundert Jahre. Es musste daher mit dem Teufel zugegangen sein, wenn der Dom bereits innerhalb von zwanzig Jahren fertiggestellt werden konnte – so munkelte man damals. Und: Der Teufel habe dem Architekten Jörg von Halsbach seine Hilfe angeboten, wenn er ein Gotteshaus ohne Fenster errichten würde (ohne Fenster kann ein Bau keine Kirche sein, meinte der Teufel). Würde sich der Baumeister nicht an die Abmachung halten, müsste er dem Teufel seine Seele überlassen. Als die Kirche nun fertig war, wollte der Teufel überprüfen, ob sich der Baumeister an die Abmachung gehalten hat und betrat die Kirche. Und in der Tat, Fenster waren keine zu sehen! (Der Innenraum der Kirche war damals anders gestaltet, aber bei den Seitenfenstern im Hauptschiff kannst du den Trick des Baumeisters noch nachvollziehen: Von der Eingangshalle aus ist jedes Fenster von einer Säule verdeckt und daher nicht sichtbar!) Als dem Teufel klar wurde, dass er im wahrsten Sinne des Wortes hinters Licht geführt worden war, stampfte er mit seinem rechten Fuß vor Zorn so stark auf, dass bis heute sein Fußabtritt im Eingangsbereich am Hauptportal zu sehen ist!

was sehr untypisch für eine bayerische Kirche ist, in der man eher prunkvolle Verzierungen erwartet.

Wie nennt man eine Grabstätte, in der kein Leichnam begraben wurde? (Die Antwort findest du auf der Informationstafel vor der Grabstätte!)

Wir verlassen die Frauenkirche durch das Hauptportal und wenden uns nach links. Über die Liebfrauenstraße erreichen wir die Kaufingerstraße, die zur Fußgängerzone gehört. Hier gehen wir nach rechts bis zum Herrenausstatter Hirmer, an dessen Pforte eine Bronzetafel befestigt ist, die auf den **Schönen Turm** hinweist. Dieser Turm war Teil der ersten Stadtbefestigung. An der Stelle, an der sich ehemals der Turm befand, hat man den Grundriss mit Hilfe von farbigen Gehwegplatten auf dem Boden nachgezeichnet. Wenn du ein Stück weiter bis zur Augustinerstraße gehst, findest du an der Hausecke des Hirmerhauses eine Skulptur des Schönen Turms, die ebenso daran erinnern soll, was hier einmal war.

Die Skulptur an der Ecke des Hirmerhauses an der Kaufinger- Ecke Augustinerstraße erinnert an den Schönen Turm.

Der Schöne Turm trug seinen Namen zu Recht. Warum nannte man ihn so? (Eine Hinweistafel an dem Hirmerhaus hilft dir dabei, die Antwort zu geben!)

Das Gebäude zwischen Augustinerstraße und Ettstraße ist die ehemalige Augustinerkirche **St. Johannes der Evangelist und St. Johannes der Täufer.** Diese Kirche, in der sich heute das Jagdmuseum und zahlreiche Läden befinden, war die erste Kirche der Augustinermönche in München.

Man erzählt sich, dass im Schönen Turm ein braver **Goldschmied** seine Werkstatt hatte. Eines Tages bekam er von einem Edelmann ein wertvolles Schmuckstück überreicht, von dem er eine Kopie anfertigen sollte. Als er einmal seine Werkstatt verließ, sperrte er sorgsam alle Schlösser ab. Wie groß war der Schreck, als er zurückkam und bemerkte, dass das kostbare Stück verschwunden war! Dennoch nahm er allen Mut zusammen und erzählte dem Edelmann von seinem Missgeschick. Dieser glaubte ihm jedoch nicht und zerrte ihn vor Gericht, das ihn zum Tode verurteilte. Kurze Zeit später entdeckte man ein Elsternnest am Turm, in dem das Schmuckstück lag. Alle Welt war nun von der Unschuld des braven Goldschmiedes überzeugt. Ihm allerdings nutzte das nicht mehr, denn er war in der Zwischenzeit bereits aufgeknüpft worden.

Wie heute, war München schon vor circa 430 Jahren das **katholische Zentrum** des Landes Bayern. Herzog Wilhelm V. wollte mit dem Bauwerk der Michaelskirche ein Zeichen der katholischen Gegenreformation (»Reform« bedeutet Verbesserung, Umgestaltung) setzen. Du musst wissen, dass damals Martin Luther eine kirchliche Reformbewegung gegründet hatte, die auf die Missstände in der katholischen Kirche hinweisen sollte und aus der die evangelische Kirche hervorging. Für uns ist es heute normal, neben der katholischen auch die evangelische Kirche zu haben, aber damals bekämpften sich beide. In München behält die katholische Kirche bis heute die Oberhand.

Ist es nicht etwas sonderbar, dass sich in einer Kirche Läden befinden? Vor 200 Jahren wurden die Kirchen und Klöster von König Max I. entmachtet und enteignet. Man nennt das die **Säkularisation**.

 Was steht vor dem Jagdmuseum und weist auf die Ausstellungsstücke hin?

 Gehen wir in der gleichen Richtung weiter, sehen wir gleich daneben die Jesuitenkirche St. Michael, die **Michaelskirche**. Dieses Bauwerk wurde unter Herzog Wilhelm V. erbaut. Im Inneren der Kirche findest du das zweitgrößte Tonnengewölbe der Welt. Das größte befindet sich im Petersdom in Rom. An der Fassade erkennst du den heiligen Michael, der mit einer Lanze den Drachen tötet.

 Wer war der Architekt der Michaelskirche und wann wurde sie erbaut?

Blick auf die Michaelskirche, die Augustinerkirche und die Türme der Frauenkirche ganz im Hintergrund (von links nach rechts)

Vor dem Karlstor auf der rechten Seite erblickst du in einem Brunnen das **Brunnenbuberl**, das Ende des 19. Jahrhunderts aufgestellt wurde und wegen seiner Nacktheit zahlreichen Sittenwächtern missfiel. Man erzählt sich die Geschichte, dass die feinen Damen der Gesellschaft sogar kleine Höschen für das Brunnenbuberl strickten und versuchten, auf diese Weise seine Scham zu bedecken. Das Buberl wird hier von einem Satyr, einem griechischen Waldgeist, geneckt und mit Wasser bespuckt.

In der Fürstengruft der Michaelskirche sind einige Herrscher der Wittelsbacher begraben, darunter auch der Auftraggeber für das Schloss Neuschwanstein. Weißt du, wie er hieß und welchen Spitznamen er bereits zu Lebzeiten trug?

Nach der Michaelskirche laufen wir geradeaus weiter durch die Fußgängerzone.

Links neben der Michaelskirche, in dem Gebäude, wo heute das Statistische Landesamt untergebracht ist, findest du eine Hinweistafeln auf die **Alte Akademie**. Sie wurde zur gleichen Zeit wie die Michaelskirche erbaut und diente als Jesuitenkolleg, das heißt, als Kloster- und Akademiegebäude für die Mönche des Jesuitenordens. Davor siehst du den **Richard-Strauss-Brunnen**, der in der Mitte des 20. Jahrhunderts zu Ehren des Komponisten aufgestellt wurde. Richard Strauss (1864–1949) war ein »Münchner Kindl« und lebte und arbeitete hier lange Zeit. Der Brunnen zieht besonders in den Sommermonaten zahlreiche Ruhe suchende Passanten an.

Wir gehen in derselben Richtung weiter und können in der Ferne bereits das **Karlstor** erkennen. Bis wir das Tor erreichen, folgen wir der Fußgängerzone weiter in die gleiche Richtung wie bisher und kommen noch an einigen Läden und Kaufhäusern vorbei.

Das **Karlstor** ist ein Teil der zweiten Stadtmauer, zu der auch das Isartor und das Sendlinger Tor gehörten. Es wurde bereits 1302, also vor mehr als 700 Jahren, urkundlich zum ersten Mal erwähnt und war das Zolltor der Stadt. Vom ursprünglichen Tor sind heute nur noch die beiden Außentürme vorhanden.

Das Karlstor trug früher einen anderen Namen. Weißt du, wie man es nannte? (Sieh dir das Tor einmal ganz genau aus der Richtung an, aus der wir gekommen sind! Vielleicht kannst du so einen Hinweis für die Antwort finden.)

Ebenso wie das Karlstor, hat auch der Karlsplatz einen zweiten Namen und ist somit der einzige Platz in München, der mit zwei Namen ausgestattet ist.

 Weißt du, wie der Karlsplatz noch genannt wird?

 Schaffst du es, durch den Brunnen zu laufen, ohne dabei nass zu werden?

Nun sind wir am Ziel angekommen, und du kannst dich auf den Steinen am Brunnen erholen.

Wenn du in die Durchfahrt des mittleren Tores gehst, findest du in den Ecken vier »Kragenknöpfe«, das sind Münchener »Originale«. Da gibt es den Volkssänger und Bassgeiger Baron Sulzbeck aus dem Hofbräuhaus und den Lohnkutscher Krenkl, der verbotenerweise die königliche Kutsche im Englischen Garten überholte und im Vorbeifahren auch noch rief: »Wer ko, der ko« – also »wer kann, der kann«, ein Ausruf, der in Bayern bis heute häufig gebraucht wird. Weiter kannst du den letzten bayerischen Hofnarren Prangerl finden und schließlich den sogenannten Finessen-Sepperl, alias Huber, der der netteste und diskreteste und trickreichste (Finesse könnte man heute vielleicht mit »eleganter Trick« übersetzen) Liebesbriefträger der Stadt gewesen sein soll.

Der **Karlsplatz** wurde nach Kurfürst Karl II. Theodor von Bayern (1724–1799) benannt, der von Mannheim nach München gekommen war, um die Regentschaft zu übernehmen. Er gestaltete den Platz um und verhandelte auch noch mit den Österreichern, ob man München nicht gegen andere Gebiete eintauschen könne, was den Münchnern natürlich missfiel und sie bis heute kränkt. Daher nennen sie den Platz lieber Stachus – nach Eustachius Föderl, dem Besitzer eines Gasthauses an demselben Eck, an dem sich heute der Kaufhof befindet.

6

Entdeckungstour durch den Olympiapark

München von seiner sportlichen Seite

Auf dieser Tour sehen wir, was man aus Trümmern alles machen kann. Wir erkunden die Sportstätten der XX. Olympischen Sommerspiele und genießen die Aussicht von Münchens höchstem Punkt.

Wir beginnen unsere Schnitzeljagd an der U-Bahn-Haltestelle Olympiazentrum. Links neben dem Ausgang siehst du ein großes, geschwungenes Gebäude – die im Oktober 2007 neu eröffnete **BMW-Welt**.

Unsere Tour führt uns weiter über die linke Brücke, die den Mittleren Ring überquert. Von hier aus kannst du links von dir das BMW-Hauptgebäude in der Form eines Vierzylinders erkennen. Außerdem siehst du vor dem BMW-Haus ein flaches Gebäude, das Ähnlichkeit mit einer Suppenschüssel hat. Hier befindet sich das **BMW-Museum**, das nach umfangreichen Renovierungsarbeiten im Frühjahr 2008 wiedereröffnet wurde. In diesem Museum erfährst du alles über die Geschichte von BMW, von ihrem Anfang 1916 bis heute und die Planungen für die Zukunft. Ausgestellt sind viele Automodelle und Motorräder, die BMW bis heute gebaut hat.

BMW-Welt

Gebaut wurde die BMW-Welt von einem Architekturbüro aus Wien mit dem lustigen Namen Coop Himmelb(l)au. Hier holt man sich sein neues BMW-Auto ab und soll dabei einen ganz besonderen Tag erleben. Es werden auch neue Modelle und Motorräder gezeigt. Außerdem finden unterschiedliche Veranstaltungen statt. Für Kinder im Alter von 7 bis 13 Jahren gibt es einen speziellen Erlebnisbereich, den sogenannten **Junior Campus**. Spielerisch werden dir dort physikalische Gesetze und andere Themen vermittelt.

Weißt du, was die drei Buchstaben »BMW« bedeuten?

B _ _ _ _ _ _ _ _ _

M _ _ _ _ _ _-W _ _ _ _

Wenn du nach rechts schaust, siehst du ein einzeln stehendes Gebäude. Dieses Hochhaus heißt **Uptown München** und ist mit einer Höhe von 146 Metern das höchste Bürogebäude in der Stadt. Zum Glück wurde es unmittelbar außerhalb des

Der **Olympiapark** wurde für die Olympischen Sommerspiele 1972 angelegt. Früher marschierten hier Einheiten der königlich-bayerischen Armee. Großes Aufsehen erregte 1909 die Landung des Grafen Zeppelin mit seinem Luftschiff. Später entstand an diesem Ort der erste Flughafen von München, der »Oberwiesenfeld« hieß. Damals war das Gelände noch ganz flach. Nach dem Zweiten Weltkrieg lagerte man hier den Schutt der im Krieg zerstörten Gebäude ab. Das Architekten-Team Behnisch und Partner aus Stuttgart gestaltete damit das hügelige Gelände, das du heute sehen kannst. Inzwischen ist alles schön grün und zugewachsen (etwa 2300 Bäume wurden gepflanzt), und man könnte glauben, es sei eine natürlich entstandene Landschaft.

Mittleren Ringes errichtet! Es gibt in München nämlich eine Bauvorschrift, die innerhalb des Mittleren Ringes Gebäude verbietet, die höher sind als die Türme der Frauenkirche, und die sind etwa 100 Meter hoch!

Was steht auf dem Hochhaus links von dir?

Nach der Brücke kommst du links an der **SoccaFive Arena** vorbei, in der auf kleinen Feldern Hallenfußball gespielt wird. Die Halle ist Teil des **Olympia-Eissportzentrums**, wo du im Winter Schlittschuh laufen kannst. Gleich neben der SoccaFive Arena gibt es eine Minigolf-Anlage. Jetzt sehen wir den **Olympiapark** direkt vor uns. Ein hügeliges Gelände mit einem großen See davor.

Gegenüber vom Eissportzentrum siehst du am Seeufer links vor dir ein Gebäude, das in den Hügel hineingebaut wurde.

Was steht auf dem Schild rechts neben dem Eingang?

In diesem großen Aquarium mit seinen 30 Becken und einem 10 Meter langen Tunnel kannst du die Unterwasserwelt entdecken. Hier findest du weniger exotische Arten, sondern mehr Tiere, die in unseren heimischen Gewässern, das heißt in der Isar, der Donau bis hin zum Schwarzen und dem Mittelmeer beheimatet sind. Zum Beispiel kannst du Saiblinge, Seepferdchen, Hummer und Haie bewundern, und manche der Tiere darfst du zusammen mit einem Tierpfleger sogar berühren!

Wir gehen nach rechts weiter bis zum Seeufer, wo im Sommer die Parkeisenbahn hält. Hier beginnt der sogenannte **Munich Olympic Walk of Stars** (auch MOWOS genannt). Seit 2003 haben sich hier am Ufer des Olympiasees über 70 berühmte Persönlichkeiten aus der Sport-, Musik- und Unterhaltungswelt mit Handabdruck und Unterschrift in frischem Beton verewigt. Es bekommen aber nur diejenigen eine der 90 x 90 Zentimeter großen Gedenktafeln, die ihre Erfolge im Olympiapark gefeiert haben oder sich auf andere Art um den Olympiapark verdient gemacht haben.

Auf dem Munich Olympic Walk of Stars haben sich viele berühmte Persönlichkeiten verewigt.

Welche Stars haben sich auf der 9. und 10. Platte verewigt, wenn du die Reihe von links abzählst?

Unsere nächste Station ist der **Olympiaturm**. Er ist etwa 290 Meter hoch und damit der dritthöchste Fernsehturm in Deutschland. Höher sind nur noch die Türme in Berlin (365 m) und Stuttgart (331 m). Innen kannst du mit einem Lift in nur wenigen Sekunden hinauffahren und dir von einer der Plattformen München von oben betrachten. Bei schönem Wetter bietet sich ein toller Blick über die ganze Stadt bis zu den Alpen hin. Außerdem gibt es dort oben ein Drehrestaurant, das sich in 53 Minuten einmal um sich selbst dreht.

Rockmuseum Munich

In diesem Museum bekommst du allerhand aus der Musikgeschichte zu sehen. Es liegt in etwa 200 Metern Höhe über dem Boden und ist damit das höchstgelegene **Rockmuseum** der Welt. Der Münchner Finanzkaufmann **Herbert Hauke** zeigt hier, was er so alles gesammelt hat. Darunter sind beispielsweise signierte Gitarren von Frank Zappa, Pink Floyd, den Rolling Stones, goldene Schallplatten, Kleidungsstücke berühmter Musiker und natürlich jede Menge Autogramme.

Welches Museum ist seit 2004 im Olympiaturm untergebracht?

Übrigens: An deinem Geburtstag darfst du umsonst mit dem Lift fahren!

 Wir folgen dem Weg geradeaus und kommen auf einen kleinen Hügel, wo du das **Zeltdach** sehen kannst. Das 75 000 Quadratmeter große Dach verbindet die Schwimmhalle mit der Olympiahalle und dem Olympiastadion. Es besteht aus durchsichtigen Plexiglasplatten, die an 58 Stahlmasten aufgehängt sind. Die Form des Daches mit den einzelnen Spitzen erinnert an die Alpenkette, die du bei Föhnwetter vom Olympiaturm aus sehen kannst.

Der Olympiaturm bietet eine tolle Aussicht über München – bis zu den Bergen.

Wir schauen uns zuerst die **Schwimmhalle** näher an. Das ist das Gebäude ganz links. Hier hat der Amerikaner **Mark Spitz** während der Sommerolympiade 1972 sieben Goldmedaillen geholt! (Deine Eltern können sich vielleicht noch daran erinnern.) Wenn du an der Kasse links vorbeigehst, kommst du zu einer kleinen Zuschauertribüne. Von hier aus kannst du das ganze Schwimmbad überblicken. Insgesamt gibt es fünf Becken, die du aber nicht alle von hier aus sehen kannst, und einen Sprungturm. Im Sommer steht draußen auch noch die Liegewiese mit Kinderspielplatz, Volleyballfeld, Tischtennisplatten und einer Trampolinanlage zur Verfügung.

 Wie viele Startblöcke zählst du in der Schwimmhalle?

Welche Schwimmarten kennst du?

Die **Olympiahalle** gegenüber der Schwimmhalle wird heute für ganz verschiedene Veranstaltungen genutzt. Hier finden jedes Jahr das 6-Tage-Rennen der Radrennfahrer statt

Aprilscherz

Da die Platten des Zeltdaches mit der Zeit stumpf werden, sodass kein Licht mehr durchdringen kann, müssen sie immer wieder mal ausgewechselt werden. Ein Münchner Radiosender erlaubte sich vor einigen Jahren einen Aprilscherz, als er die Münchner am 1. April dazu aufrief, mit Eimer und Lappen bewaffnet zum Olympiagelände zu kommen, um beim Putzen des Daches zu helfen. Stell dir vor, es sind wirklich Hunderte von Menschen erschienen und wollten mitmachen!!!

Ein Zelt für Sport, Musik und Religion

Am 26. August 1972 erlebten im Olympiastadion 80 000 Menschen die Eröffnungsfeier der XX. Olympischen Sommerspiele. Danach war es Veranstaltungsort für Leichtathletikwettkämpfe, Open-Air Bühne für namhafte Bands, wie Michael Jackson, Tina Turner, Robbie Williams ... und natürlich Schauplatz für viele Fußballspiele. Als München Austragungsort für die Fußballweltmeisterschaft 2006 werden sollte, beschloss man, ein neues Fußballstadion zu bauen. Seit Mai 2005 rollt der Ball im neuen Stadion: in der Allianz-Arena.

sowie die Eislaufshow Holiday on Ice und Rockkonzerte berühmter Bands, wie beispielsweise bei der Verleihung der MTV-Awards.

 Wir folgen dem Zeltdach weiter geradeaus, halten uns rechts und kommen zum **Olympiastadion**. Bis 2005 wurden hier viele internationale Sportturniere ausgetragen. Heute finden dort die unterschiedlichsten Veranstaltungen, wie beispielsweise Messen, Opernaufführungen statt, und im Winter wird sogar eine Snowboardrampe installiert! Gegen ein geringes Eintrittsgeld kannst du dir das Stadion auch von innen anschauen.

 Wie heißen die beiden Münchner Profi-Fußballvereine, für die das Olympiastadion ihr Heimstadion war?

Welche Führungen werden im Stadion angeboten?

Entspannen und Enten füttern am schönen Olympiasee

 Unsere Schnitzeljagd führt uns weiter am See entlang, bis wir zu einer Brücke kommen.

Nach der Brücke folgen wir ein kurzes Stück dem Rudolf-Harbig-Weg, verlassen ihn dann nach links und wandern den Serpentinenweg auf den **Olympiaberg** hinauf. Wenn du Glück hast, begegnest du einem der vielen frei laufenden Kaninchen, die sich hier ihre Erdhöhlen gebaut haben. Der Olympiapark ist inzwischen zu einem Lebensraum für zahlreiche Tierarten geworden. Du kannst hier Turmfalken, Kormorane, Lachmöwen, Kanadagänse, Spechte und viele Singvögel beobachten. Der Olympiaberg ist ein reiner Schuttberg, ein beliebter Aussichtspunkt und die höchste Erhebung Münchens. Das schlichte **Aluminiumkreuz**, das du kurz vor dem Gipfel links von dir sehen kannst, soll an die zivilen Opfer des Zweiten Weltkriegs erinnern, das heißt, an die Opfer, die keine Soldaten waren. Wir steigen weiter zum Gipfel hinauf.

 Was schätzt du, wie hoch ist der Olympiaberg?
❑ 20 m ❑ 60 m ❑ 100 m

Jetzt kannst du dich erst einmal ausruhen und den grandiosen Rundblick über München genießen. Besonders in der Silvesternacht treffen sich hier viele Menschen, um gemeinsam auf das neue Jahr anzustoßen. Um besser sehen zu können, kannst du auch ein paar Münzen in eines der Fernrohre einwerfen. Außerdem gibt es eine Informationssäule, die für 1 Euro noch mehr über den Olympiapark erzählt.
Wenn du Lust hast, nimm ein Blatt Papier und zeichne München, wie es von hier oben aussieht!

 An wie vielen hohen Pfosten ist das Dach über dem Olympiastadion aufgehängt?

Von hier oben siehst du sehr gut, dass hinter dem BMW-Hochhaus das **BMW-Werk** liegt. Hier werden jeden Tag bis zu 720 Autos der BMW-3er-Serie produziert.

Wir laufen nun wieder den Olympiaberg hinunter zum Seeufer. Im Winter ist der Olympiaberg übrigens ein beliebter Rodelberg. Wenn wir unten am See angekommen sind, gehen wir geradeaus über die Brücke. Links von uns befindet sich der Bootsverleih, wo man im Sommer Tretboote ausleihen kann. Während der Fußball-WM 2006 konnte man sich sogar in italienischen Gondeln über den See rudern lassen! Nach der Brücke sind wir wieder am Willi-Daume-Platz angekommen, wo unsere Schnitzeljagd durch den Olympiapark endet!

BMW-Hauptgebäude mit davor sichtbarem BMW-Museum

Tipp: Im Olympiapark gibt es im Sommer viele Veranstaltungen speziell für Kinder: ein eigenes Kinderprogramm beim **Tollwood**-Festival, das alljährliche **Sommerfest** für die ganze Familie, **Ostereiersuchen** im Olympiapark und alle zwei Jahre die beliebte **Spielstadt Mini-München**. Vielleicht hast du auch einmal Lust, dabei zu sein?

7

Das Forum der Künste zwischen Pinakotheken und Königsplatz

Kunstschätze so weit das Auge reicht

- **Dauer:** etwa 2 Stunden
- **Route:** Alte und Neue Pinakothek in der Theresienstraße, Pinakothek der Moderne in der Barerstraße, Karolinenplatz, Briennerstraße, Königsplatz, Luisenstraße, Lenbachhaus
- **Ausgangspunkt:** Alte Pinakothek (Straßenbahnlinien 27 und N27, Buslinie 100)
- **Ziel:** Königsplatz (U-Bahn-Linie U2, Buslinie 100)

König Ludwig I. ließ in München zahlreiche Museen bauen, die ihre Einzigartigkeit bis heute bewahrt haben. Unsere Schnitzeljagd ist ein Kunstspaziergang durch das 19. Jahrhundert, das München besonders prägte.

Wir treffen uns für unsere Schnitzeljagd rund um die Kunstschätze König Ludwigs I. vor der **Alten Pinakothek**. Das Wort »Pinakothek« kommt aus dem Griechischen und bedeutet ursprünglich »Aufbewahrungsort für Tafelbilder«.

Weißt du, was man hier in diesem Museum und auch in den anderen Pinakotheken betrachten kann?

Die Alte Pinakothek wurde im Auftrag König Ludwigs I. von Leo von Klenze erbaut und war damals das erste Museum, in das jedermann Zutritt hatte. Was für uns heute selbstverständlich ist, war zur damaligen Zeit eine absolute Sensation, denn damals war der Kunstgenuss nur der feinen Gesellschaft aus dem Adel sowie den Herrschern zugänglich. Das Museum ist heute sehr bedeutend, da du darin beispielsweise die weltgrößte Sammlung des flämischen Malers Peter Paul Rubens (1577–1640) sehen kannst.

Wann wurde die Alte Pinakothek erbaut?

Da das Gebäude im Zweiten Weltkrieg sehr zerstört worden war, wurde es von 1955 bis 1963 wieder originalgetreu aufgebaut. Wenn du vor dem Gebäude stehst und dir die Fassade

Eine der bedeutendsten Gemäldegalerien der Welt

In der **Alten Pinakothek** kannst du mehrere Tausend Gemälde bewundern, die zwischen dem 14. und dem 18. Jahrhundert in Europa entstanden und weltweit einzigartig sind, beispielsweise Bilder von Albrecht Dürer (einem Deutschen), Peter Paul Rubens (einem Flamen aus dem heutigen Belgien), Rembrandt van Rijn (einem Holländer), von den Italienern Tizian, Raffael, Leonardo da Vinci und Giotto oder von dem Spanier El Greco, um nur einige der bedeutendsten Künstler zu nennen.

Hinweis: Falls du du Zeit und Lust hast und noch keine 18 Jahre alt bist, so kannst du dir die Sammlung **kostenlos** ansehen. Deine Eltern müssen sonntags nur 1 Euro bezahlen (montags ist geschlossen). Es lohnt sich!

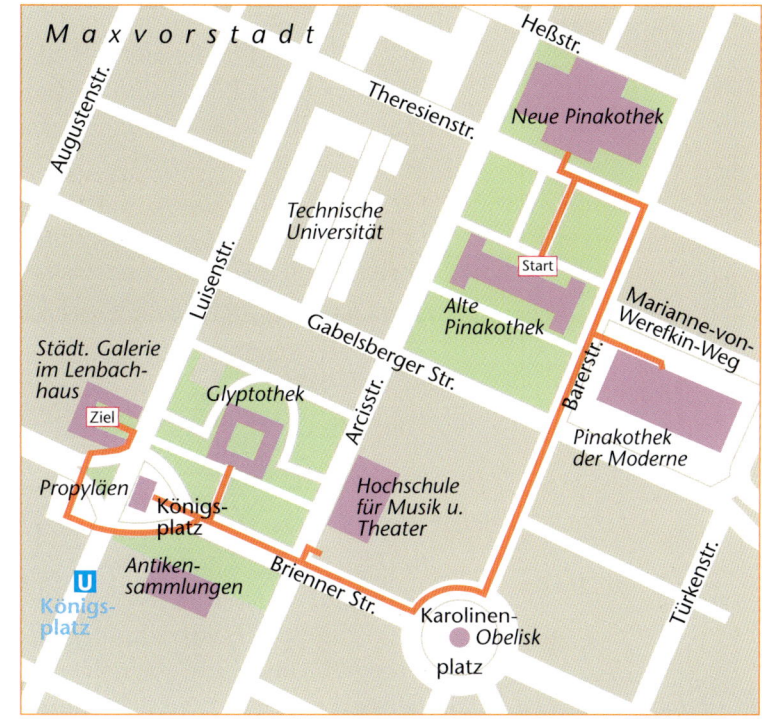

einmal ganz genau ansiehst, so erkennst du, dass das Mittelstück aus anderen Steinen, nämlich aus Ziegeln besteht. Der Architekt wollte damit die Zeichen der Zerstörung für immer festhalten.

Jetzt machen wir einen kurzen Abstecher in das Museum und schauen uns den Eingangsbereich an. Ist die große Treppe in die oberen Stockwerke nicht beeindruckend?

Gleich in der Eingangshalle kannst du große Gemälde von verschiedenen Herrschern sehen. Wer sind sie denn?

Das allererste Bild, das für die Sammlung der heutigen Alten Pinakothek gemalt wurde, ist die »Schlacht bei Issus« (auch »Alexanderschlacht« genannt). Kannst du herausfinden, wer dieses Bild gemalt hat?

Wir gehen nun wieder hinaus ins Freie und überqueren die Wiese, auf der bei schönem Wetter immer zahlreiche Besucher des Museums oder Studenten der nahe gelegenen Technischen Universität eine Pause machen und die Sonne genießen. Unser nächstes Ziel ist die **Neue Pinakothek.** Sie liegt gleich gegenüber an der Theresienstraße. Wir überqueren aber die Straße an der Ampel, um zum Eingang zu gelangen, der sich im Sommer hinter einem Wald von Blättern verbirgt.

Der Haupteingang der Neuen Pinakothek

Diese Pinakothek hat ihren Namen nicht etwa, weil es sich hier um einen Neubau handelt. Sie wurde bereits kurz nach der Alten Pinakothek gebaut und erhielt von ihrem Auftraggeber König Ludwig I. schon damals den Namen »Neue« Pinakothek, da darin Werke der Künstler des 19. Jahrhunderts – zur damaligen Zeit also die zeitgenössische Kunst – ausgestellt werden sollten. Auch das war eine absolute Neuheit, denn es gab bis zu diesem Zeitpunkt kein vergleichbares Museum.

Kannst du zwei oder drei Namen von Künstlern herausfinden, deren Werk hier ausgestellt ist und von denen du möglicherweise sogar schon einmal etwas gehört hast?

Auch die Neue Pinakothek wurde also von König Ludwig I. in Auftrag gegeben, und von August von Voigt von 1846 bis 1853 erbaut. Damals sah sie genauso wie die Alte Pinakothek aus. Man nannte die beiden daher Zwillingsbauten. Da sie im Zweiten Weltkrieg großflächig zerstört wurde (viele der Bilder waren glücklicherweise vorher in Sicherheit gebracht worden), entschloss man sich, das Gebäude komplett abzureißen und wieder neu aufzubauen. Der Architekt war Alexander Freiherr von Branca (1919–heute), und die Wiedereröffnung des Museums war erst 1981.

Wenn du in das Museum gehst, so kannst du in der rechten hinteren Ecke der Eingangshalle eine Statue entdecken: eine Mädchengestalt. Weißt du, was das für eine Mädchengestalt ist?

Blick auf den Säuleneingang der Pinakothek der Moderne

Wir verlassen nun die Neue Pinakothek wieder, gehen nach links zur Ampel, überqueren die Theresienstraße und kommen auf der Barerstraße an dem »Klenze-Portal« der Alten Pinakothek vorbei. An der nächsten Ampel überqueren wir die Barerstraße und gelangen zu der **Pinakothek der Moderne**, der jüngsten der drei Pinakotheken in München, die zu den weltweit größten Museen für die Kunst des 20. und 21. Jahrhunderts zählt!

 Dieses Museum ist erst vor wenigen Jahren erbaut und eröffnet worden. Der Architekt war Stefan Braunfels (1950–heute). Er schuf hier ein modernes und offenes Gebäude, das heute die gleiche Bedeutung hat wie im 19. Jahrhundert die Neue Pinakothek, nämlich ein Ort für die Kunst zu sein, die heute entsteht (also »zeitgenössisch« ist).

 Die Pinakothek der Moderne beherbergt vier Museen unter einem Dach. Um welche handelt es sich?

 Wenn du noch vor der Pinakothek im Eingangsbereich stehst, siehst du einige Säulen. Wie viele sind es?

 Zurück auf der Barerstraße gehen wir nach links in Richtung des Obelisken – das ist eine schwarze vierkantige Säule, die in einer Spitze in Form einer Pyramide endet – und kommen auf den **Karolinenplatz**.

 Der Karolinenplatz bekam seinen Namen von Königin Karoline von Baden (1776–1841). Als Gemahlin König

Hinweis: Du solltest unbedingt hineingehen und dir den Innenraum ansehen. Der runde Eingangsbereich mit der Kuppel ist eine »Rotunde«, die die Besucher besonders begeistert und in der immer wieder Veranstaltungen stattfinden. Aber auch die übrigen Bereiche sind einen Besuch wert, und auch dieses Museum bietet Kindern Führungen an, in denen sie beispielsweise alles über Farbe und andere moderne Gestaltungsmittel in der Kunst erfahren und damit experimentieren können.

Der **Obelisk** in der Mitte des Karolinenplatzes erinnert an den Russlandfeldzug im Jahre 1812, also vor fast 200 Jahren, als 36 000 bayerische Soldaten an der Seite Napoleons in den Krieg zogen und nur 6 000 davon wieder nach Hause zurückkehren konnten. Für den Bau des Denkmals als Andenken an die 30 000 gefallenen Soldaten wurde Erz aus eroberten und eingeschmolzenen Kanonen verwendet.

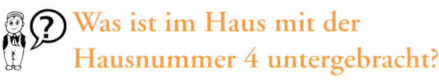

Blick auf die Türme der Frauenkirche vom sternförmigen Karolinenplatz. Rechts im Bild siehst du den Sockel des Obelisken.

Maximilians I. Joseph war sie die erste Königin von Bayern und gleichzeitig auch die erste bekannte Protestantin Bayerns.

Am Karolinenplatz angekommen, sehen wir uns erst einmal den Obelisken genauer an. Achtung: Beim Überqueren der Straße und der Trambahnlinie ist Vorsicht geboten!

Das dunkle Kapitel des Königsplatzes

Ursprünglich gehörte der Königsplatz zum »Fürstenweg«, den König Ludwig I. von der Münchener Residenz zum Schloss Nymphenburg bauen ließ. Im Nationalsozialismus war München die »Hauptstadt der Bewegung«, und Adolf Hitler benötigte einen Platz als Kulisse für seine Militäraufmärsche. Zu diesem Zweck ließ er den Königsplatz umgestalten, Bäume fällen und diese zwei Häuser errichten, in denen der Sitz der Partei und seine Büroräume untergebracht waren. An der Ecke Brienner- und Arcisstraße siehst du eine Tafel, auf der du diese Epoche der Geschichte genau nachlesen und auch sehen kannst, wie der Platz damals ausgesehen hat, und dass sich unter ihm bis heute Bunker, Gänge und Räume befinden.

In der Inschrift auf dem Sockel des Obelisken kannst du lesen, dass der Obelisk am XVIII October MDCCCXXXIII vollendet wurde. Was bedeutet denn »XVIII« und »MDCCCXXXIII«? (Vielleicht haben deine Eltern bei dieser Frage eine Idee!)

Das Besondere am Karolinenplatz ist, dass die Straßen sternförmig von ihm ausgehen. Vorbild für diesen »Strahlenplatz« war kein anderer als die Place de l'Etoile (gesprochen Plahs döletoall), also der Sternplatz, in Paris.

Was ist im Haus mit der Hausnummer 4 untergebracht?

Wir verlassen den Karolinenplatz über die Briennerstraße stadtauswärts (das heißt, von

64

der Richtung, aus der wir kamen, nach rechts) und gehen zum **Königsplatz**. Bevor wir aber auf diesen Platz kommen, kreuzen wir eine Straße, die rechts Arcis- und links Katharina-von-Bora-Straße heißt.

Wenn du dir die beiden Bauten rechts und links genauer ansiehst, kannst du erkennen, dass sie sehr ähnlich sind. Sie gehören zur nationalsozialistischen Architektur der Stadt, die in den 1930er-Jahren unter Adolf Hitler entstand. Einige dieser Bauten wurden nach dem Krieg abgerissen, in diesen zwei Gebäuden befinden sich heute die Musikhochschule – hier kannst du allabendlich kostenlos den Konzertvorführungen der Studenten zuhören – und das Zentralinstitut der Kunstgeschichte.

Im Zentralinstitut der Kunstgeschichte (ZI) in der Katharina-von-Bora-Straße 10 befindet sich auch ein Museum. Kannst du herausfinden, was man sich hier ansehen kann?

Wir gehen zurück zur Briennerstraße, überqueren die Katharina-von-Bora-Straße und sind nun auf dem Königsplatz.

Heute ist dieser Platz eine besondere Sehenswürdigkeit der Stadt. Im Auftrag König Ludwigs I. sollte sein Architekt Leo von Klenze hier ein Forum der Kultur bauen. In der ersten Hälfte des 19. Jahrhunderts, also vor mehr als 200 Jahren, gestaltete er diesen Platz im klassizistischen Stil.

Vom Karolinenplatz kommend gehen wir zunächst zum rechten Gebäude. Hier ist die **Glyptothek** untergebracht. Das Wort »Glyptik« kommt aus dem Griechischen und bedeutet Bildhauer- und Steinschneidekunst.

Kannst du herausfinden, welche Art von Kunstschätzen hier untergebracht ist?

Die Glyptothek ist das älteste Museum der Stadt und bis heute einzigartig in seiner Art, da hier das Gebäude und die Ausstel-

Du kannst den **klassizistischen Stil** nicht nur hier, sondern an vielen anderen Plätzen der Stadt, wie beispielsweise in der Ludwigstraße oder auf dem Opernplatz, studieren. Es handelt sich dabei um eine Architekturform, der besonders zwei Stilrichtungen als Vorbild dienten. Das ist einerseits der Architekturstil von den Gebäuden der alten Griechen und Römer (die Antike), und andererseits der italienische Baustil des 14. und 15. Jahrhunderts (die italienische Renaissance – gesprochen »Renähsohs«), wie man ihn besonders in Florenz und Rom vorfindet.

Die Stufen der Glyptothek laden bei den ersten Sonnenstrahlen zum verweilen ein.

Im Sommer finden auf dem Königsplatz immer Open-Air-Veranstaltungen statt, in denen Kinofilme, Opern, Klassik- oder Rockkonzerte aufgeführt werden. Die Bühne befindet sich dann immer hier vor den Propyläen, und die Zuschauer verteilen sich auf dem gesamten Platz, der zu dieser Zeit für den Verkehr gesperrt ist.

lungsstücke eine kunstvolle Einheit bilden, sodass man von einem Gesamtkunstwerk sprechen kann.

Wir gehen kurz in das Museum, damit du einen Blick in die Ausstellungsräume werfen und dir ein Bild davon machen kannst.

Gleich rechts im ersten Ausstellungsraum siehst du eine Figurengruppe genau in der Mitte. Worum handelt es sich?

Wenn du wieder ins Freie kommst, hast du eine wunderbare Sicht auf das gegenüberliegende Gebäude, das ebenso in Form eines Tempels gebaut wurde. Dort ist die **Antikensammlung** untergebracht, in der du Vasen und Schalen, Schmuck und kleine Skulpturen aus allen Epochen der griechisch-römischen Zeit, vom 13. Jahrhundert vor Christus bis etwa zum 4. Jahrhundert nach Christus, bewundern kannst.

Wir gehen nun in die Richtung der Antikensammlung, sodass wir beide Museen gut betrachten können.

Schau dir nun einmal die beiden Tempel ganz genau an. Kannst du irgendwelche Unterschiede feststellen?

Wir gehen zu den **Propyläen**, dem großen Torbau in der Mitte. Aufgepasst! Wenn du die Straße überquerst, ist große Vorsicht geboten. Am besten ist, du überquerst die Straße an der Ampel an der Luisenstraße.

 Das Wort »propylaion« kommt aus dem Griechischen und bedeutet »torförmige Vorhalle«. Dieses Tor, das fast wie ein Stadttor erscheint, wurde dem Eingangstor der Akropolis in Athen nachempfunden. Du kannst es betreten und es dir genau ansehen. Im Inneren siehst du, dass einige Stellen sogar bemalt sind. Man muss sich vorstellen, dass in der antiken Zeit alle Tempel und Skulpturen in dieser Art verziert waren, was heute kaum mehr vorstellbar ist, da in den Jahrhunderten Regen und Wind all die Farbe abgewaschen haben, sodass die klassischen Bauwerke nur noch weiß überliefert sind.

Wie viele Säulen kannst du in den Propyläen zählen?

Wir lassen die Propyläen und den Königsplatz hinter uns und überqueren an der Ampel zuerst die Brienner- und dann die Luisenstraße. Unser Ziel ist der **Kunstbau**, ein unterirdisches Museum, das zum Lenbachhaus gleich gegenüber auf der anderen Straßenseite gehört, wo wir noch hinkommen werden. Der Eingang zum Kunstbau befindet sich im Sperrengeschoss der U-Bahnstation. Im Jahre 1994 wurde ein leerer Raum über dem Bahnsteiggeschoss der U-Bahnstation am Königsplatz zu einem Museum ausgebaut. Eine tolle Idee, findest du nicht?

 Hier und auf der anderen Seite der Briennerstraße, wo wir jetzt hingehen, ist der sogenannte **Museumsplatz**, auf dem jährlich ein bis zwei Projekte zeitgenössischer Künstler verwirklicht werden, und der auf diese Weise die beiden Museen verbindet.

Franz von Lenbach (1836–1904) war ein Porträtmaler, das heißt, er malte bedeutende Menschen seiner Zeit. Man nannte ihn »Malerfürst«, da er mit seinen Kunstwerken schnell zu Ansehen und Ruhm gelangt war. Hier – damals am Stadtrand von München gelegen – ließ er sich Ende des 19. Jahrhunderts Wohn- und Arbeitsräume von dem Architekten Gabriel von Seidl bauen, denn zu dieser Zeit war München neben Schwabing, das damals noch ein Vorort der Stadt war, ein bedeutendes Zentrum der Kunst. Hierher strömten viele Künstler von nah und fern, um zu arbeiten, sich auszutauschen und zu leben.

 Wir gehen weiter zum **Lenbachhaus** und stehen vor einer Villa im Stil der Toskana. Eine Fassade in warmem Gelb, kleine Säulen, Brunnen und die reiche Bepflanzung verleihen der Anlage eine italienische Atmosphäre.

Wie viele Brunnen gibt es in dem kleinen Park des Lenbachhauses?

Heute beherbergt das Lenbachhaus Werke von Münchener Malern des 19. Jahrhunderts und die weltweit größte Sammlung der Künstlergruppe »Der Blaue Reiter«. Außerdem zeigt das Museum auch zeitgenössische Kunst, wie beispielsweise von Andy Warhol, der besonders durch seine Darstellung der Schauspielerin Marilyn Monroe und andere Bilder dieser Art bekannt wurde.

Hier endet unsere Schnitzeljagd, bei der du die wichtigsten und bedeutendsten Kunstmuseen der Stadt kennenlernen konntest. Zur Erholung kannst du dich nun hier noch in dem schönen Garten des Lenbachhauses aufhalten und bei den Wasserspielen deinen Träumen nachgehen. Oder du lässt dich im Nachbarhaus von etwas ganz anderem begeistern – von Steinen und Versteinerungen.

»**Der Blaue Reiter**« war eine Künstlervereinigung, zu der zahlreiche Künstler des In- und Auslandes gehörten und die hier in München Anfang des 20. Jahrhunderts gegründet wurde. Franz Marc (1880–1916) und Wassily Kandinsky (1866–1944) waren die Urväter der Gruppe. Beide liebten sie Blau, Franz mochte Pferde und Wassily Reiter, und so entschieden sie sich am Kaffeetisch für diesen Namen.

8   Nymphenburg-Tour

Wo die Wittelsbacher früher den Sommer verbrachten

■ **Dauer:** etwa 2¹/₂ bis 3 Stunden
■ **Route:** Schloss Nymphenburg, Magdalenenklause, Pagodenburg, Badenburg, Amalienburg, Marstallmuseum
■ **Ausgangs- und Endpunkt:** Haltestelle Schloss Nymphenburg der Straßenbahnlinie 17

Diese Schnitzeljagd führt durch den Nymphenburger Park – vorbei an Parkschlösschen und der Amalienburg, das ehemalige Jagdschloss der Kurfürstin Maria Amalia.

Unsere Schnitzeljagd beginnt an der Straßenbahnhaltestelle »Schloss Nymphenburg« der Linie 17. Von der Brücke aus hast du bereits einen schönen Blick auf die Schlossanlage. Wir biegen zunächst in die Nördliche Auffahrtsallee (das ist die rechts des Kanals) ein und gehen an den Häusern entlang in Richtung Schloss. Der Fußweg führt uns nach rechts in das sogenannte Schlossrondell. In dem dritten Häuschen auf der rechten Seite befindet sich seit Mitte des 18. Jahrhunderts die **Nymphenburger Porzellanmanufaktur**. Hier wird künstlerisch hochwertiges Porzellan hergestellt und alles noch von Hand gefertigt.

Porzellanherstellung

Johann Friedrich Böttger (1682–1719) gelang es im Jahre 1707 in Meißen bei Dresden, zum ersten Mal europäisches Porzellan herzustellen. Bis dahin war diese Kunst den Chinesen vorbehalten. Er hütete daher sein Geheimnis sorgfältig, und es dauerte einige Jahre, bis andere es ihm

gleichtun konnten. Kaolin, Quarz, Feldspat, Wasser, Soda und andere Zusätze werden zu einer dickflüssigen Masse gemischt und dann entweder in Gipsformen gegossen oder als plastische Masse geformt. Anschließend brennt man das Porzellan bei Temperaturen zwischen 1 000 und etwa 1 400 Grad Celsius, um es zu härten.

 **Welches Tier steht vor dem Eingang zur Manufaktur?**

Unser Weg stößt nun auf ein Gebäude, in dem sich die **Maria-Ward-Grundschule** befindet. Wir gehen nach links über den Parkplatz und am Hauseck gleich wieder nach rechts. In diesem Seitenflügel des Schlosses befindet sich der **Hubertussaal**, wo wunderschöne Konzerte stattfinden. Wenn du den Weg bis zum Ende weitergehst und rechts durch den Torbogen mit Höhlenmalereien läufst, kommst du in einen Innenhof.

Wie heißt das Museum, das sich in diesem Teil des Schlosses befindet?

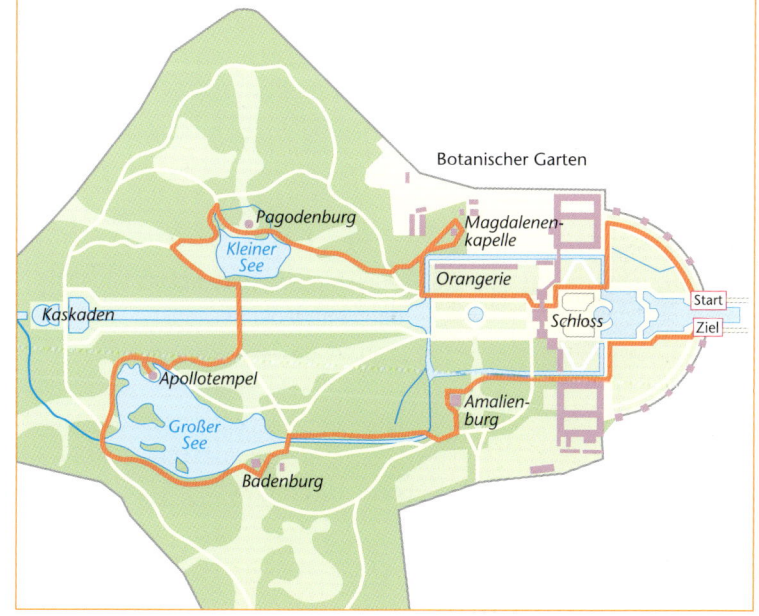

Nicht nur für Kinder gibt es hier viel zu entdecken. Besonders der Bereich »Spielerische Naturkunde« ist bei Jung und Alt sehr beliebt. Hier kannst du mit Hilfe von verschiedenen Quizspielen dein Wissen von Tier- und Pflanzenreich testen. In der »Bärenecke« siehst du auch »Bruno«, den letzten in Bayern erlegten Braunbären.

Wir gehen zurück und dann weiter zum Hauptgebäude mit der großen Treppe davor. Dieses »kleine« Gebäude war das Geschenk des **Kurfürsten Ferdinand Maria** an seine Frau **Henriette Adelaide** als Dank dafür, dass sie ihm nach langem Warten endlich einen Sohn geboren hatte. Die Geschichte kannst du auf Seite 45 nachlesen. Ursprünglich war dieses Häuschen ein landwirtschaftliches Gut. Henriette Adelaide ließ es in ein Lustschlösschen mit einem kleinen Park umwandeln und nannte es »**Borgo delle Ninfe**«, denn sie war Italienerin (auf deutsch übersetzt bedeutet das »da, wo die Nymphen weilen«. Nymphen sind Naturgeister. Daraus hat sich die spätere Bezeichnung »Nymphenburg« entwickelt.

Blick vom Schlosspark auf die ehemalige Sommerresidenz der Wittelsbacher

69

Nymphenburger Kanal

Der Kanal wurde Anfang des 18. Jahrhunderts von Kurfürst Max Emanuel angelegt. Er ist eine mehr als 5 Kilometer lange künstliche Wasserstraße und beginnt als Abzweig der Würm im Stadtteil Pasing. Im Norden Münchens ließ Max Emanuel noch ein weiteres Schloss errichten – **Schloss Schleißheim**. Ursprünglich hatte er die Idee, diese beiden Schlösser durch ein Kanalsystem miteinander zu verbinden, um sich dann in einer italienischen Gondel von Schloss zu Schloss rudern zu lassen. Leider ist der zweite Kanal nie fertiggestellt worden! Im Winter, wenn der Kanal zugefroren ist, kann man hier Eislaufen oder Eisstockschießen.

Raumaufteilung im Schloss

Zu der Zeit, als das Schloss gebaut wurde, war es nicht üblich, dass die herrschaftliche Familie zusammenwohnte. Der Kurfürst wohnte auf der rechten und die Kurfürstin auf der linken Seite des Gebäudes. Die Kinder wurden hauptsächlich von Kinderfrauen aufgezogen und bewohnten auch einen separaten Teil des Schlosses. Wenn du nach der Tour noch Lust hast, kannst du dich im Schloss umsehen. Kinder und Jugendliche bis 18 Jahre haben nämlich freien Eintritt!

 **Welche Tiere bewachen den Treppenaufgang zum Schloss?**

Die Seitenflügel rechts und links vom Hauptgebäude ließ der Sohn von Henriette Adelaide Ende des 17. und Anfang des 18. Jahrhunderts errichten. Sein Name war **Max Emanuel** (1662–1726), und er wurde von allen der »Blaue Kurfürst« genannt. Auf den meisten Bildern, die von ihm existieren, sieht man ihn nämlich in blauer Uniform. Er vergrößerte auch den Park hinter dem Schloss und ließ dort noch weitere Gartenschlösschen bauen, die wir später noch sehen werden.

Nach Max Emanuels Tod kümmerte sich sein Sohn, **Karl Albrecht** (1697–1745), der spätere Kaiser Karl VII., um den Ausbau des Schlosses und ließ die Rondellbauten errichten, die du von hier aus schön sehen kannst. Früher wohnten in diesen sogenannten **Kavaliershäuschen** die Künstler, hohe Bedienstete und Besucher des Hofes. Insgesamt hat es ungefähr 100 Jahre gedauert, bis die gesamte Schlossanlage so ausgesehen hat, wie wir sie heute bewundern können.

Wenn du von hier in Richtung Kanal schaust, welchen Turm kannst du bei guter Sicht links vorne erkennen?

70

Die **Wittelsbacher** haben hier lange Zeit ihren Sommer verbracht. Im Winter wohnten sie in der Stadtresidenz (siehe Seite 30), die du vielleicht schon besucht hast, und im Sommer haben sie den gesamten Hofstaat eingepackt, auf Kutschen verladen und sind damit nach Nymphenburg gezogen. Zu Fuß brauchte man damals ungefähr 2 Stunden.

Wir gehen nun in den Park und nehmen den Eingang auf der rechten Seite. Insgesamt ist der **Nymphenburger Park** innerhalb der Schlossmauer etwa 180 Hektar (250 Fußballfelder) groß. Keine Angst, wir werden nicht den gesamten Park ablaufen!

Übrigens: Im Park darf man nicht mit dem Fahrrad fahren, es darf auch nicht einmal geschoben werden!

Auf der Rückseite des Schlosses laufen wir zunächst die Treppen hinauf und können einen Blick in den **Steinernen Saal** werfen. Das war früher der Ballsaal der Wittelsbacher, hier wurde getanzt, gefeiert und Musik gehört.

Wolfgang Amadeus Mozart (1756–1791) bewarb sich in jungen Jahren beim Kurfürsten Max III. Joseph um eine Anstellung. Er gab auch hier im Steinernen Saal ein Konzert. Dem Kurfürsten gefiel sein Spiel jedoch nicht, sodass er ihn mit der Begründung, es sei keine Stelle bei Hofe frei, wieder wegschickte. Wenn der gewusst hätte, wie berühmt Amadeus Mozart später noch werden würde!

Wie viele Fenster kannst du an der Rückseite des Gebäudes erkennen?

Der riesige Parkplan von Schloss Nymphenburg

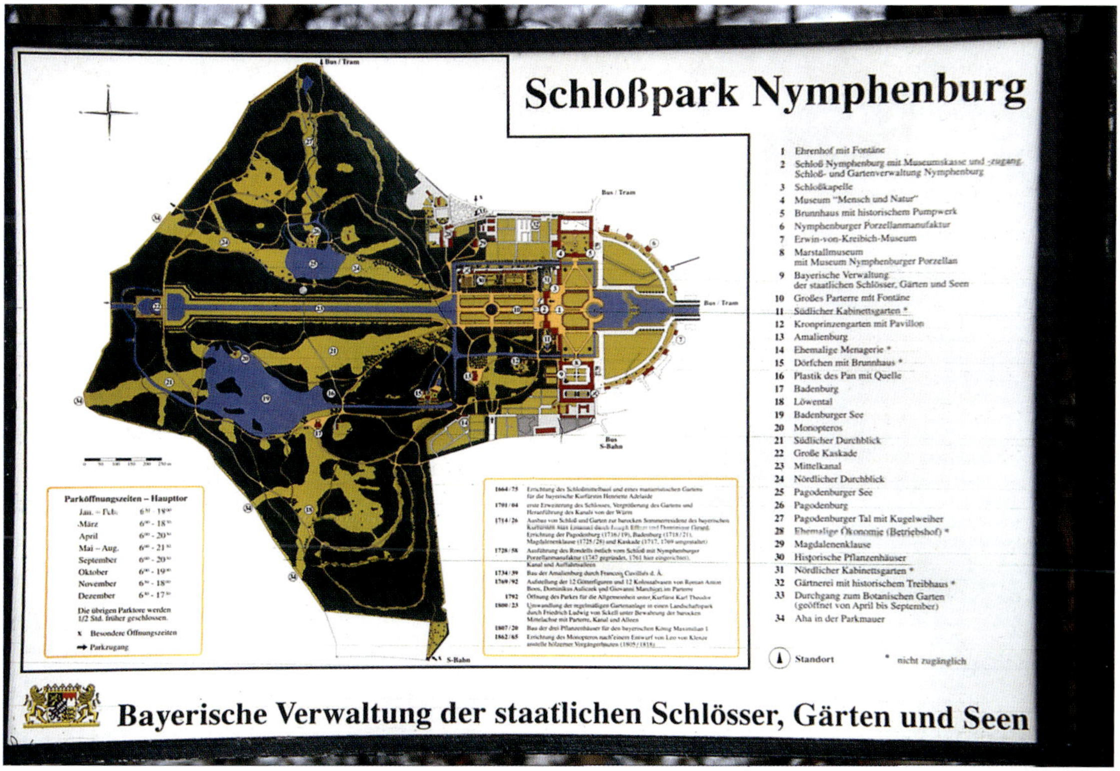

Schloßpark Nymphenburg

1 Ehrenhof mit Fontäne
2 Schloß Nymphenburg mit Museumskasse und -eingang. Schloß- und Gartenverwaltung Nymphenburg
3 Schloßkapelle
4 Museum "Mensch und Natur"
5 Brunnhaus mit historischem Pumpwerk
6 Nymphenburger Porzellanmanufaktur
7 Erwin-von-Kreibich-Museum
8 Marstallmuseum mit Museum Nymphenburger Porzellan
9 Bayerische Verwaltung der staatlichen Schlösser, Gärten und Seen
10 Großes Parterre mit Fontäne
11 Südlicher Kabinettsgarten *
12 Kronprinzengarten mit Pavillon
13 Amalienburg
14 Ehemalige Menagerie *
15 Dörfchen mit Brunnhaus *
16 Plastik des Pan mit Quelle
17 Badenburg
18 Löwental
19 Badenburger See
20 Monopteros
21 Südlicher Durchblick
22 Große Kaskade
23 Mittelkanal
24 Nördlicher Durchblick
25 Pagodenburger See
26 Pagodenburg
27 Pagodenburger Tal mit Kugelweiher
28 Ehemalige Ökonomie (Betriebshof) *
29 Magdalenenklause
30 Historische Pflanzenhäuser
31 Nördlicher Kabinettsgarten *
32 Gärtnerei mit historischem Treibhaus *
33 Durchgang zum Botanischen Garten (geöffnet von April bis September)
34 Aha in der Parkmauer

Standort   * nicht zugänglich

Parköffnungszeiten – Haupttor

Jan. – Feb.	6⁰⁰ - 18⁰⁰
März	6⁰⁰ - 18³⁰
April	6⁰⁰ - 20³⁰
Mai – Aug.	6⁰⁰ - 21³⁰
September	6⁰⁰ - 20³⁰
Oktober	6⁰⁰ - 19³⁰
November	6³⁰ - 18⁰⁰
Dezember	6³⁰ - 17⁰⁰

Die übrigen Parktore werden 1/2 Std. früher geschlossen.

X Besondere Öffnungszeiten
➜ Parkzugang

Bayerische Verwaltung der staatlichen Schlösser, Gärten und Seen

Von der Treppe aus hast du auch einen wunderbaren Blick über den Park. Der vordere Teil sieht noch ungefähr so aus wie zu Zeiten **Max Emanuels**. Das ist der **französische Barockgarten**, der ganz geometrisch angelegt wurde. Der hintere Teil wurde im frühen 19. Jahrhundert vom Gartenarchitekten **Ludwig von Sckell** (von dem war bereits bei der Tour im **Englischen Garten** auf Seite 37 die Rede) in einen Landschaftsgarten umgestaltet. Im Sommer siehst du entlang der Blumenbeete zahlreiche Götterstatuen und Vasen aus Marmor. Im Winter werden sie allerdings mit hölzernen Abdeckungen vor Eis und Schnee geschützt.

Unsere Tour führt uns weiter an der rechten Hecke entlang in den Park.

Wie viele Vasen, Statuen (im Winter Abdeckungen) zählst du links von dir?

Hier im Garten vergnügten sich die Wittelsbacher gerne. Damals gab es noch viel mehr Wasserkanäle im Park, und so konnten sie sich sogar in italienischen Gondeln über das Wasser rudern lassen. Ansonsten vertrieben sie sich die Zeit mit Kutschfahrten, gingen auf die Jagd nach Fasanen, Hirschen und Rebhühnern oder feierten Feste.

Nach der Brücke laufen wir rechts am Kanal entlang und folgen den Schildern zur **Magdalenenklause**. Von außen sieht das Gebäude recht verfallen aus. Max Emanuel gab 1725 dem Architekten **Joseph Effner** (1687–1745) den Auftrag, eine künstliche Ruine mit grottenähnlichen Räumen zu bauen. Der lebensfrohe Kurfürst, der ein sehr turbulentes Leben geführt hatte, wollte an diesem stillen, einfachen Ort im Alter wieder zur Besinnung kommen. Leider ist er vor Fertigstellung der Klause verstorben.

Durch die Glastür am Eingang können wir auch im Winter einen Blick in die dahinterliegende Grotte werfen. In der Grottennische siehst du die Figur der **Maria Magdalena**.

Was ist in der Mitte der Decke über dem Eingangsbereich dargestellt, und welche Materialien wurden verwendet?

Die Magdalenenklause – Grotte zum Nachdenken

Wenn man sich die Räume innen anschauen möchte, bekommt man Filzpantoffeln über die Schuhe gestülpt, um den Boden zu schützen. Hinter der Eingangstür kommst du in die grottenartig gestaltete Kapelle. Zur Gestaltung wurden verschiedene Materialien verwendet, zum Beispiel Muscheln, bunte Steine und Tuffstein. Das ist ein Vulkangestein. Außer der Kapelle gibt es im Gebäude noch mehrere Wohnräume, die mit Ölbildern und Zeichnungen geschmückt sind.

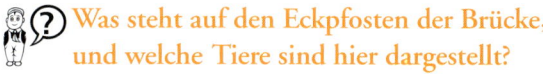 Wir gehen wieder zurück zum Hauptweg und folgen dem Schild zur **Pagodenburg**, die sehr schön am Pagodenburger See gelegen ist. Bevor wir zu diesem Schlösschen gelangen, überqueren wir eine Brücke.

Über diese Brücke gelangt man zur dahinterliegenden Pagodenburg.

Was steht auf den Eckpfosten der Brücke, und welche Tiere sind hier dargestellt?

 Auch die Pagodenburg wurde nach Plänen von **Joseph Effner** gebaut. Sie ist ein achteckiges Gebäude, das im Erdgeschoss mit weiß-blauen Kacheln geschmückt ist und im Obergeschoß im chinesischen Stil gehalten wurde. Hier traf sich die Hofgesellschaft zum Tee oder spielte an dem heute noch erhaltenen Tisch mit seinem eingelegten Spielbrett Schach.

Wie viele Balkone befinden sich außen am Gebäude?

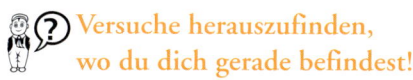 Wir folgen dem Fußweg am See entlang, gehen nach der Brücke links und dann wieder links, bis wir die Abzweigung erreichen, wo rechts eine Brücke über den Mittelkanal führt. Unterwegs kannst du an einer beliebigen Stelle die Augen schließen. Lass dich ein paar Schritte rückwärts führen und achte darauf, was du hörst! Es gibt im Park 158 verschiedene Vogelarten. Vielleicht erkennst du die eine oder andere Vogelstimme.
Bevor du die Brücke erreichst, befindet sich links von dir ein Parkplan.

Versuche herauszufinden, wo du dich gerade befindest!

Als Nächstes gehen wir über die Brücke. Links von dir kannst du das Schloss erkennen. Rechts siehst du im Sommer die **Große Kaskade**. Eine Kaskade ist ein Wasserspiel, bei dem das Wasser in mehreren Stufen hinunterfällt.

Dann gehen wir die Treppen hinauf, weiter geradeaus und folgen dem Schild zum **Monopteros**. Dieser Tempel, der auch Apollotempel genannt wird, liegt auf einer Halbinsel am Ufer des **Baden-**

Der Apollotempel im Nymphenburger Schlosspark

burger Sees, der auch Großer See genannt wird. Genauso wie der Monopteros im **Englischen Garten** (siehe Seite 38) wurde dieser Rundtempel mit zehn Säulen von **Leo von Klenze** geplant. Schau dir die Säule in der Mitte genau an.

(siehe Seite 38)

 Wer legte den Nymphenburger Schlosspark im französischen Stil an?

Wir laufen weiter um den See herum, bis wir zu einer großen Wiese kommen. Hier befindet sich der sogenannte **Südliche Durchblick**, der früher einen freien Blick vom Schloss bis nach Pasing bot. Unsere Schnitzeljagd führt nun am Südufer des größten künstlichen Sees im Schlosspark entlang.

 Wie viele Inseln gibt es im Badenburger See?

Bald kommst du zur nächsten Parkburg, nämlich der **Badenburg.** Sie liegt direkt am See und wurde auch von Kurfürst **Max Emanuel** in Auftrag gegeben, um dort zu schwimmen und zu baden. Bäder waren zu dieser Zeit noch eine Seltenheit. Angeblich hat sich Max Emanuel hier auch gerne mit seinen Mätressen (das heißt, mit seinen Freundinnen) getroffen, um ungestört zu sein.

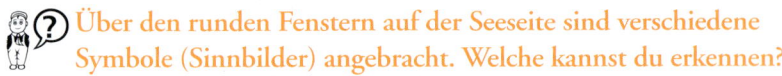 Über den runden Fenstern auf der Seeseite sind verschiedene Symbole (Sinnbilder) angebracht. Welche kannst du erkennen?

Schwimmen und Baden für Hoheiten

Der Pool in der Badenburg ist 8 Meter lang, 6 Meter breit und ungefähr 1,5 Meter tief. Im Keller wurde das Wasser aufgeheizt, sodass es warm aus den Hähnen kam. Um den Pool herum führt ein Geländer. Auf dieser Galerie konnte man den anderen beim Baden zuschauen. Die Badenburg war das erste beheizbare Hallenbad seinerzeit (wenn man einmal von den Hallenbädern der Römer absieht)! Leider kann man heute dort nicht mehr schwimmen.

Von der Badenburg gehen wir über die Brücke und sofort nach rechts am Kanal (das ist ein anderer Kanal als vorhin!) entlang.

Die Gebäude, die du bald auf der linken Seite erkennen kannst, gehören zum »Dörfchen«. Einige der Häuser sind Brunnhäuser, die bereits 1720 errichtet wurden, und in den anderen wohnten die Arbeiter, die für die Maschinen im Pumpwerk zuständig waren. Die Pumpwerke liefern den Wasserdruck für die Fontänen im Park, die mal mehr und mal weniger als 10 Meter hoch spritzen. Konstruiert hat die Pumpwerke **Joseph von Baader** (1763–1835). Seine über 200 Jahre alten Maschinen sind heute noch in Betrieb!

Auf dem Plan am Wegesrand findest du die Namen der einzelnen Häuschen. Wie heißt das Gebäude in der Mitte, zu dem ein kleiner Abzweig des Kanals führt?

Nach dem Dörfchen gehen wir nach rechts über die Brücke und danach zweimal nach links, und schon stehen wir vor der **Amalienburg**.

Kurfürst **Karl Albrecht** schenkte seiner Frau **Maria Amalie** Anfang des 18. Jahrhunderts dieses Schlösschen. Es wurde vom Architekten **François Cuvilliés** im Stil des **Rokoko** gebaut. Maria Amalie war eine begeisterte Jägerin. Oben auf dem Gebäude kannst du einen Balkon erkennen. Hier stand angeblich Amalie mit ihrem Gewehr und schoss bequem auf Rebhühner und Fasane, die die Bediensteten vor dem Schloss zusammentreiben mussten. In der Amalienburg spielte die höfische Gesellschaft gerne. Sie verkleideten sich als Wirtsleute und bedienten ihre adligen Gäste. Damals gab es ja kein Kino und kein Fernsehen, und man vertrieb sich anderweitig die Zeit.

Rokoko? Barock?

Rokoko nennt man in der Kunstgeschichte die Weiterentwicklung des **Barock** in den Jahren 1735 bis circa 1790. Das Rokoko wird daher oft auch Spätbarock genannt. Im Rokoko verschwand die Symmetrie des Barock. An die Stelle fester Formen traten zierliche gewundene Linien, und die Architektur wurde heiter, anmutig und verspielt. Häufig findest du auch rankenförmige Umrandungen. Der Begriff wird abgeleitet von dem französischen Wort »Rocaille«, was »Muschelwerk« bedeutet.

Das Rokoko-Schlösschen Amalienburg

*Die Hundekammer in
der Amalienburg*

»Wenn ich nur Prinzessin wär', dann ...«
Früher war es sicher kein reines Vergnügen, Nachkomme der kurfürstlichen oder königlichen Familie zu sein. Die Kinder mussten sehr früh lernen, wie man reitet, schießt, musiziert und sich bei Hofe benimmt. Bei Kronprinz Ludwig I. ging es dann schon lockerer zu, wie man an dem Spielplatz sehen kann. Sein Enkel, König Ludwig II., kam im Schloss Nymphenburg am 25. August 1845 zur Welt. Er verbrachte aber seine Kindheit hauptsächlich in den Bergen, wo seine Eltern noch ein weiteres Schloss, das Schloss Hohenschwangau, besaßen.

Lauf einmal um das Schlösschen herum und finde heraus, wie viele Vasen auf dem Dach stehen!

Nun schauen wir uns das Schlösschen von innen an (die Amalienburg ist auch im Winter geöffnet). Nach dem Eingang gelangen wir zuerst in die **Hunde- und Gewehrkammer**. Hier wurden die Jagdflinten aufbewahrt, und in den Löchern unter den Schränken schliefen die Jagdhunde. Amalie liebte ihre Hunde über alles. Sie durften sich sogar überall im Schloss aufhalten, und man berichtet von übel zugerichteten Tapeten und Möbeln im Hauptschloss. Auf den Schränken findest du Symbole, die mit der Jagd zu tun haben.

Wie viele Schlupflöcher für die Hunde gibt es in diesem Raum?

Als Nächstes gelangen wir in die »**Retirade**«, das Ankleidezimmer. Wie könnte es anders sein – auch dieser Begriff stammt aus der französischen Sprache (»se retirer« bedeutet »sich zurückziehen«). In der Nische auf der linken Seite siehst du eine Kommode mit einem Deckel darauf. Diese Kommode konnte man nach vorne wegklappen, und darin befand sich der sogenannte Leibstuhl mit einem Topf darunter. Du kannst dir sicher vorstellen, wozu man diesen verwendete, oder? Er diente als Toilette, denn es gab zu jener Zeit noch keine Badezimmer in den Schlössern. Wenn man fertig war, musste einer der Dienstboten den Topf wieder ausleeren. Danach gehen wir weiter durch das **Blaue Kabinett** mit prächtigen Jagdtrophäen in das **Ruhezimmer** – ein wunderschönes Zimmer in Gelb und Silber. Oberhalb des Ruhesofas kannst du zwei Ölbilder erkennen. Auf dem linken Bild siehst du **Karl Albrecht** und auf dem Bild gegenüber seine Frau **Maria Amalie**.

Was befindet sich unter dem Gemälde von Maria Amalie?

Die Bediensteten konnten durch versteckte Türen in dahinterliegende Flure und somit beinahe unbemerkt von Raum zu Raum gelangen. Der prunkvollste Saal im ganzen Schloss ist der anschließende **Spiegelsaal**, der ganz silbern schimmert. Hier wurde getanzt und gefeiert! Die Stuckverzierungen an der Decke solltest du dir unbedingt genauer anschauen.

Wie viele Kerzen hat der Leuchter im Spiegelsaal?

Als Nächstes gelangen wir in das **Jagdzimmer**. Die Gemälde schildern höfische Jagden und Reiterspiele in der Barockzeit. Zum Schluss sehen wir noch die **Küche**, die mit weiß-blauen und bunten Kacheln aus Holland geschmückt ist. Gekocht wurde hier allerdings nie!

Was steht auf dem Herd in der Küche?

Wir gehen nun langsam wieder in Richtung Schloss zurück und kommen nach wenigen Metern auf der rechten Seite am »Ludwigsgärtchen« vorbei. Hier war eine Art Spielplatz für die Königskinder, vor allem für den Kronprinzen Ludwig I. Heute kannst du noch den hölzernen, achteckigen Pavillon erkennen, der das Spielhaus der Kinder war.

Wann wurde der Pavillon errichtet?

Wir sind jetzt fast am Ende unserer Schnitzeljagd angekommen und laufen geradeaus durch das Tor wieder aus dem Park hinaus. Das Gebäude auf der rechten Seite beherbergt zwei Museen. Im ersten Stock ist eine **Porzellansammlung** untergebracht, wo du auch Nymphenburger Porzellan bewundern kannst, und im Erdgeschoss befindet sich das **Marstallmuseum**.

Weißt du, was in diesem Museum gezeigt wird?

Hier endet nun unsere Tour. Zum Verschnaufen könntest du vielleicht in die Gaststätte »Zur Schwaige« gehen, die du findest, wenn du nach dem Marstallmuseum um die Ecke biegst. Ansonsten kannst du von hier aus über das südliche Schlossrondell wieder die Trambahnhaltestelle erreichen.

> **Was ist Stuck?**
> Stuck ist eine gut formbare, schnell erhärtende Masse aus Gips, Kalksteinmehl, Sand und Wasser. Seit der Antike war Stuck ein wichtiges Material für die Gestaltung von Räumen. Besonders im Barock und im Rokoko wurde Stuck für die schwungvollen Dekorationselemente verwendet. Der Stuck konnte nach dem Aushärten vergoldet oder versilbert werden.

Der Nymphenburger Schlosspark lädt zu jeder Jahreszeit zu einem Spaziergang ein.

1 Im Zickzack vom Marienplatz zum Isartor

Die Fragen

1. Am linken Eck des Neuen Rathauses gibt es noch einmal einen Drachen. Wie sieht er aus?
2. Weißt du, wie der Oberbürgermeister von München heißt?
3. Kennst du noch eine Straße und einen Park, der nach dem Prinzregenten Luitpold benannt ist? P _ _ _ _ _ _ _ _ _ _ _ _ straße und L _ _ _ _ _ _ _ park
4. Weißt du, zu welcher Uhrzeit das Glockenspiel immer gespielt wird?
5. Weißt du, was das Wahrzeichen ist und wie es heißt?
6. Zeichne einen Umriss von einem der Türme, den du von hier aus sehen kannst.
7. Zwei Stellen auf dem Marienplatz erinnern bis zum heutigen Tag an seine Marktplatz-Vergangenheit: Der F _ _ _ _ _ _ _ _ _ oder die _ e i _ _ _ _ _ _ _
8. Weißt du, wie viele S-Bahn-Linien hier unter dem Marienplatz hindurchfahren? (Wenn du zu den Treppen gehst, die in das Untergeschoss und zu den Bahnsteigen führen, kannst du die Antwort finden!)
9. Wie viele Uhren kannst du am Kirchturm des Alten Peter erkennen? Hast du eine Idee, warum es so viele sind?

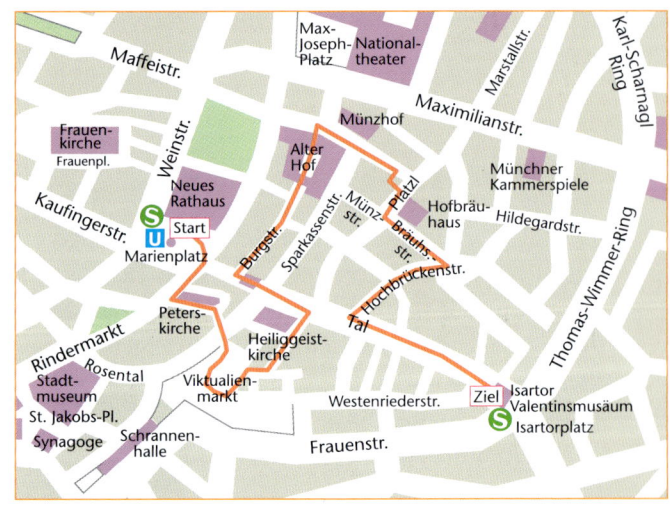

10. Gehe einmal deiner Nase nach und zähle auf, was du alles riechen kannst.
11. Weißt du, wie man das Salz zu dieser Zeit noch nannte?
12. An der Fassade des Rathauses findest du eine Gestalt, die zum Isartor blickt. Kannst du herausfinden, wen sie darstellt? (Schau dir dazu den Sockel an, auf dem sie steht!)
13. Hast du herausgefunden, was eine Himmelsleiter ist?
14. Kannst du herausfinden, wer hier einmal wohnte und welches Werk er in diesem Haus verfasste?
15. Vor diesem Tor steht ein Reiterstandbild. Wer ist der stolze Recke hoch zu Ross?
16. Was befindet sich heute in diesem Gebäude?
17. Was glaubst du, wie viele Liter Bier werden hier täglich ausgeschenkt?
    ❑ 100 Liter   ❑ 1 000 Liter   ❑ 10 000 Liter
18. Erinnerst du dich an die Ohrwaschl? Hier auf dem Platzl kannst du noch weitere finden. In welcher Hausnummer?
19. Kannst du herausfinden, welchen Beruf Karl Valentin an den Nagel hängte?

Die Antworten

1. Der Drachen hat grässliche Krallen, Fledermaus-flügel und scheint zu fauchen. Das Hauseck ist das sogenannte Wurmeck. Der Sage nach soll der schreck-liche Wurm die Pestseuche in die Stadt gebracht ha-ben. Als er sich hier am Hauseck niederließ, sollen ihn die Männer der Hauptwache mit nur einem Ka-nonenschlag getötet haben.

2. Er heißt Christian Ude und ist seit 1993 im Amt.
3. Es handelt sich dabei um die Prinzregentenstrasse und den Luitpoldpark.
4. Es wird jeden Tag um 11 und um 12 Uhr gespielt, in den Sommermonaten zusätzlich noch um 17 Uhr.
5. Es ist ein kleiner Mönch, das »Münchner Kindl«, das auf die Mönche auf dem Petersbergl zurückgeht.
6. Die Türme, die man von hier aus sehen kann, sind die des »Alten Peter«, der Frauenkirche und natürlich des Neuen Rathauses.
7. Es sind der Fischbrunnen und die Weinstraße.
8. Es sind 7 S-Bahnen.
9. Acht. Karl Valentin hatte eine gute Lösung dafür: »So können acht Leute gleichzeitig die Uhr ablesen!«

Die zwei kleinen Statuen am Fuße der Mariensäule verkör-pern den Kampf des Guten gegen den Basilisken als Sinn-bild für die Pest (links) und gegen den Unglauben, der als Schlange dargestellt ist (rechts).

10. Beispielsweise Oliven und Käse, saure Gurken und Fisch.
11. Man nannte es das »Weiße Gold«. Bisher konnte man nämlich Fleisch, Fisch oder Gemüse in den warmen Monaten nicht aufbe-wahren. Salz wurde sehr wertvoll. als man feststellte, dass mit Hilfe dessen frische Lebensmittel haltbar gemacht werden konnten.
12. Es ist Heinrich der Löwe, der Gründer der Stadt München.
13. Dabei handelt es sich um eine Treppe, die man »Himmelsleiter« nannte, weil sie so steil anstieg, als würde sie direkt in den Himmel führen.
14. Wolfgang Amadeus Mozart verbrachte ein paar Monate in München (von November 1780 bis März 1781), da er sich Hoffnung auf eine Anstellung am Wittelsbacher Hof machte, woraus aber leider nichts wurde. Hier verfasste er die Oper »Idomeneo«.
15. Du stehst hier vor Kaiser Ludwig dem Bayern, der als kleiner Säugling vom Affen entführt und auf den Turm getragen worden war!
16. Heute befindet sich hier ein Restaurant.
17. Es ist unvorstellbar, aber im Durchschnitt werden hier täglich 10 000 Liter Bier ausge-schenkt!
18. Am Platzl 2.
19. Karl Valentin gab seinen Beruf als Schreiner auf.

2 Die Isar rauf und runter

Die Fragen

1. Was hält die Brunnenfigur in ihrer rechten Hand?
2. Was glaubst du, auf wie vielen Kilometern durchfließt die Isar das Stadtgebiet?
   ❑ 4 km   ❑ 13,7 km   ❑ 23 km
3. Was schätzt du, wie lange hat damals eine Fahrt mit dem Floß von München nach Wien ungefähr gedauert?   ❑ 1 Tag   ❑ 9 Tage   ❑ 2 Wochen
4. Wie viele Türme hat die St.-Lukas-Kirche?
5. Was hält der Bergsteiger in der Hand?
6. Kannst du herausfinden, wer danach das Gelände gekauft und wann er den Prater gegründet hat?
7. Wie heißen die drei Räume, die noch aus der Zeit der Likörfabrik stammen?
   Z _ _ _ _ _ _ _ _ _ _ F _ _ _ _ _ _ _ _ W _ _ _ _ _ _ _ _ _ _
8. Was steht auf dem Sockel des Brückenheiligen?
9. Wie viele Figuren zählst du auf dem Dach des Maximilianeums?
10. Fällt dir noch ein anderes Wort für Ziegelstein ein? B _ _ _ s t e i n
11. Was schätzt du, wie hoch ist der Schornstein der Muffathalle?
12. Kannst du herausfinden, wie das Gebäude heißt und wer es erbaut hat? (Finde die Tafel, auf der die Antwort zu finden ist.)
13. Weißt du, was ein »Zamperl« ist?
14. Wer sitzt nach der Unterführung rechts auf dem Sockel?
15. Was für eine Uhr befindet sich über dem Torbogen?
16. Welche Fahrgeschäfte stehen im Innenhof des Deutschen Museums?

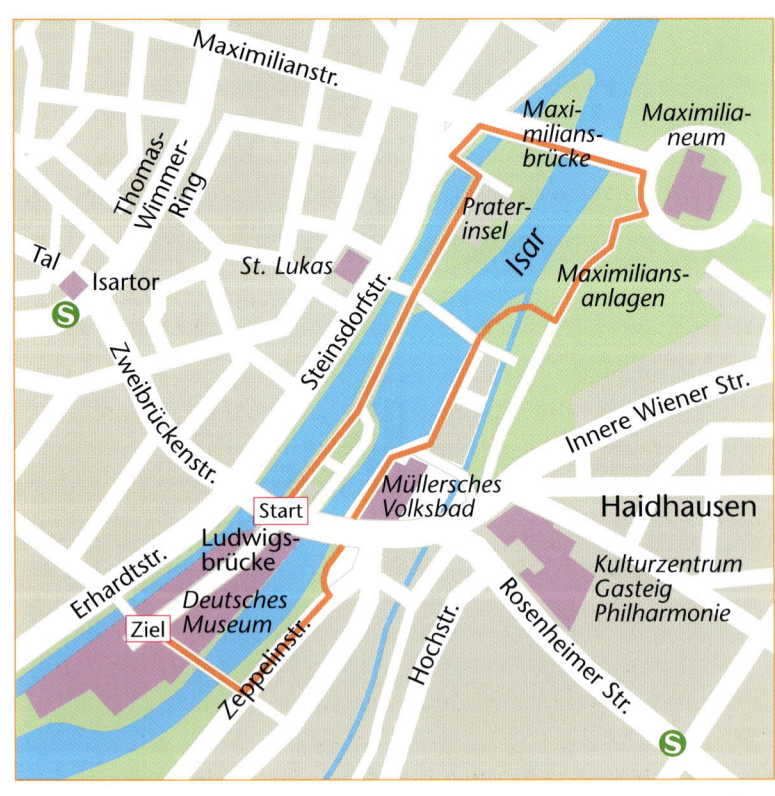

Die Sonnenuhr auf der Rück-
seite des Deutschen Museums

Die Antworten

1. Die Brunnenfigur hält einen Fisch in ihrer rechten Hand.
2. Die Isar durchfließt das Stadtgebiet auf einer Länge von 13,7 Kilometern.
3. Damals dauerte eine Fahrt mit dem Floß von München nach Wien etwa 9 Tage.
4. Die St. Lukas Kirche besitzt 3 Türme.
5. Der Bergsteiger hält eine Wanderkarte in der Hand.
6. Anton Gruber kaufte 1810 das Gelände und gründete dort den Prater.
7. Die drei Räume heißen Zollgewölbe, Füllkeller und Wurzelkeller.
8. Auf dem Sockel steht: Gewidmet von den bürgerlichen Floßmeistern Xaver, Johann, Joh. Thaddäus Seitz, 1857.
9. Auf dem Dach des Maximilianeums befinden sich 15 Figuren.
10. Zu Ziegelstein kannst du auch noch »Backstein« sagen.
11. Der Schornstein der Muffathalle ist etwa 45 Meter hoch.
12. Das Gebäude heißt Müllersches Volksbad und wurde vom Architekten Carl Hocheder gebaut.
13. Ein »Zamperl« ist die bayerische Bezeichnung für einen kleinwüchsigen Hund. Ein typisches bayerisches Zamperl ist ein Rauhaardackel.
14. Auf dem Sockel sitzt eine Frau mit langen Haaren.
15. Über dem Torbogen zum Deutschen Museum befindet sich eine Sonnenuhr.
16. Im Innenhof des Deutschen Museums stehen ein Airjet-Simulator und ein Katapult.

3 Rund um die Residenz

Die Fragen

1. Kannst du den offiziellen Namen des Platzes herausfinden? (Schau dich um, ob du ein Straßenschild sehen kannst!)
2. Kennst du den Unterschied zwischen Theater, Oper und Ballett?
3. Weißt du, wer das Denkmal für König Max I. und wer den Sockel dazu gestaltet hat? Und kannst du sogar herausfinden, wann das gewesen ist? (Wenn du einmal um das Denkmal herumläufst, kannst du einen Hinweis finden.)
4. War Maximilian I. Joseph ein Herzog, Kurfürst oder König?
5. Weißt du, wie das Fest genannt wird, das jedes Jahr im Herbst auf der Theresienwiese stattfindet?

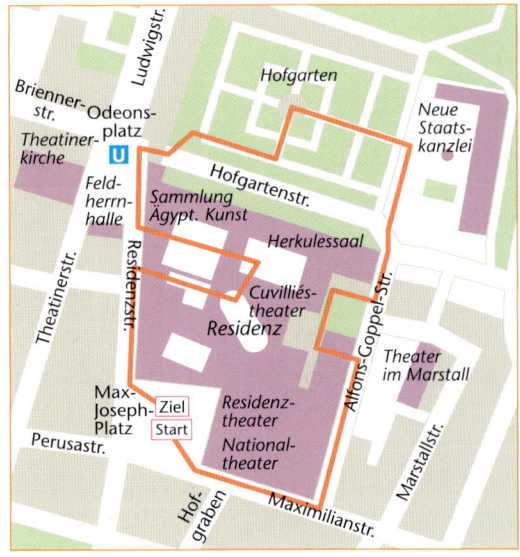

6. Was ist auf dem Teilstück des Gemäldes im Inneren der Allerheiligen-Hofkirche auf der rechten Seite dargestellt?
7. Wie heißt der Garten neben der Allerheiligen-Hofkirche?
8. Was hält die Brunnenfigur des Kronprinz-Rupprecht-Brunnens in der rechten Hand?
9. Wenn du dir das große gelbe Gebäude auf dem Marstallplatz genau ansiehst, kannst du in den runden Schildern unter dem Dach erkennen, was ursprünglich hier untergebracht war. Was war es?
10. Weißt du, wie der bayerische Ministerpräsident heißt?
11. Kannst du erkennen, welche Gegenstände die »Tellus Bavarica« auf dem Dianatempel im Hofgarten bei sich hat, die die Reichtümer des Landes Bayern beschreiben?
12. Kannst du auf den Gemälden in den Arkaden herausfinden, wann König Ludwig der Bayer zum Kaiser gekrönt wurde und wo die Krönung stattfand? (Jedes der Bilder trägt eine Überschrift!)
13. Wie viele runde Fenster kannst du hier im Kaiserhof zählen?
14. Kannst du die vier Elemente aufzählen? F _ _ _ _ , W _ _ _ _ _ , L _ _ _ und E _ _ _ Und kennst du auch die vier großen bayerischen Flüsse? (Einer davon fließt sogar hier durch München!) D _ _ _ _ , L _ _ _ , I _ _ _ und I _ _
15. Kannst du erkennen, was man im Starnberger See zum Schmuck der Grotte im Grottenhof gesammelt hat?
16. Was glaubst du, wie schwer ist der Stein von Christopf dem Starken? ❏ 17 Kilogramm, ❏ 182 Kilogramm oder ❏ 518 Kilogramm?
17. Wie viele Höfe gibt es in der Residenz? Und wie heißen sie?

Die Antworten

1. Max-Joseph-Platz.
2. Im Theater wird gesprochen, in der Oper gesungen und im Ballett getanzt.
3. Die Figur gestaltete 1835 Christian David Rauch, den Sockel Leo von Klenze.
4. Er war ein König und sogar der erste König von Bayern.
5. Es ist das Oktoberfest.
6. Maria mit ihrem Kinde.
7. Kabinettsgarten.
8. Eine Waage.
9. Pferde.
10. Seit 2007 heißt der bayerische Ministerpräsident Dr. Günther Beckstein.
11. In ihren Händen hält sie den Reichsapfel und einen Lorbeerkranz als Zeichen der Macht, über ihrem rechten Arm trägt sie ein Hirschfell, welches auf die Reichtümer des Waldes hinweist, zu ihren Füssen liegen ein Salzfass, Ähren und eine Fischreuse, die Sinnbilder für die Reichtümer der Erde und des Wassers sind.
12. Ludwig der Bayer wurde 1328 in Rom vom römischen Stadtvolk zum Kaiser des Heiligen Römischen Reiches gekrönt.
13. Es sind 72 Fenster. Aber wenn du genau hinsiehst, so sind es nur 26 richtige Fenster, denn die übrigen sind nur aufgemalt.
14. Die vier Elemente sind Feuer, Wasser, Luft und Erde, und die vier bayerischen Flüsse sind Donau, Lech, Isar und Inn.
15. Es sind Muscheln.
16. 182 Kilogramm!
17. Die Residenz besitzt zehn Höfe: den Kaiserhof, Apothekenhof, Kapellenhof, Brunnenhof, Grottenhof, Königsbauhof, Küchenhof, das Puder-höfchen und das Zierhöfchen (auch Foyerhof genannt, derzeit nicht zugänglich) und den Kabinettsgarten.

Der klassizistische Königsbau am Max-Joseph-Platz

4 Streifzug durch den Englischen Garten

Die Fragen

1. Wie viele Bäume wurden am Geschwister-Scholl-Platz gepflanzt?
2. Was befindet sich in diesem Gebäude?
3. Von wie vielen Säulen wird das Kuppeldach des Monopteros getragen?
4. Finde heraus, wer den Monopteros in Auftrag gegeben hat. (Schau dir dazu die kleine Säule in der Mitte an!)
5. Wie viele Glöckchenreihen beziehungsweise Stockwerke hat der Chinesische Turm?
6. Weißt du, wie der typische Biergartenbaum heißt, der hier überall wächst?
7. Finde heraus, wo wir uns auf dem Plan gerade befinden! Sind wir im südlichen oder im nördlichen Teil?
8. Wann dreht sich das Karussell?
9. Welche Bäume und Büsche kennst du bereits?
10. Was steht auf dem Schild vor dem Bach?
11. Was bedeutet »P1«? (Tipp: Es ist die Abkürzung des Straßennamens, an der das Gebäude mit der _ _ _ _ nummer 1 liegt!)
12. Was steht auf dem Stein links neben dem Eingang?
13. Weißt du, für welchen Zeitraum der bayerische Ministerpräsident vom Landtag gewählt wird? (Wenn du es nicht weißt, frag einfach jemanden).

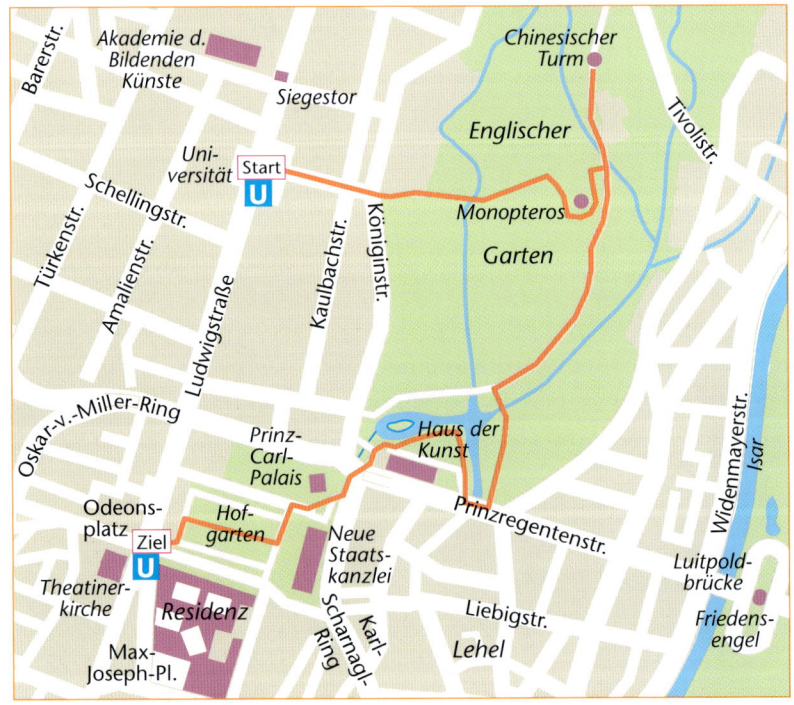

Die Antworten

1. Es wurden 12 Bäume gepflanzt.
2. In diesem Gebäude befindet sich die Tierklinik.
3. Das Dach des Monopteros wird von insgesamt 10 Säulen getragen.
4. Errichten ließ dieses Denkmal König Ludwig I. von Bayern.
5. Der Chinesische Turm hat insgesamt 4 Stockwerke.
6. Der typische Biergartenbaum ist die Kastanie.
7. Wir befinden uns im südlichen Teil des Englischen Gartens.
8. Das Karussell dreht sich samstags und sonntags ab 14 Uhr und in den Schulferien ab 13 Uhr.
9. Am Wegesrand wachsen zahlreiche Bäume und Pflanzen wie beispielsweise Ahorn, Buche, Kiefer, Weißdorn, Eiche, Eberesche, Efeu.
10. Auf dem Schild steht »Surfen und Baden verboten«. Wer trotzdem in die Fluten springt, tut dies auf eigene Gefahr!
11. »P1« bedeutet einfach Prinzregentenstraße 1.
12. Auf dem Stein steht »URASENKE, TEEZEREMONIE-HAUS, KANSHOAN«.
13. Der bayerische Ministerpräsident wird normalerweise für 5 Jahre gewählt.

Den Englischen Garten kann man auch per Kutsche erkunden.

85

5 Das Kreuzviertel

Die Fragen

1. Kannst du die Hausnummer des ehemaligen Odeons herausfinden?
2. Was kannst du auf den Tafeln lesen, welche die zwei Knappen neben dem Reiter, König Ludwig I., in den Händen halten?
3. Wie heißen die Architekten der Theatinerkirche?
4. Wie heißen die zwei Feldherren, deren Standbilder in der Feldherrnhalle zu besichtigen sind?
5. Wenn du dir den hölzernen und reich geschmückten Altarbereich der Salvatorkirche betrachtest, so siehst du einige Ikonen. Welche Szene ist auf der rechteckigen Tafel über dem Durchgang dargestellt?

6. Kannst du herausfinden, wann François de Cuvilliés das Erzbischöfliche Palais erbaute?
7. Wenn du dir das hauseigene Wappen auf der Eingangstür des Hotels genau ansiehst, kannst du Hinweise auf das bayerische Königshaus und auf das Land Bayern finden. Welche sind das?
8. Kannst du dir vorstellen, warum das Salz zur damaligen Zeit für die Menschen so kostbar war, dass man es sogar das »weiße Gold« nannte? (Vielleicht haben ja deine Eltern eine Idee!)
9. Stimmt es, dass kein Bauwerk innerhalb des Mittleren Rings in München höher als die Türme der Frauenkirche sein darf?
10. Wie stellst du dir den Teufelstritt vor?
11. Wie nennt man eine Grabstätte, in der kein Leichnam begraben wurde? (Die Antwort findest du auf der Informationstafel vor dem Grabmal!)
12. Der Schöne Turm trug seinen Namen zu Recht. Warum nannte man ihn so? (Eine Hinweistafel an dem Hirmerhaus hilft dir dabei, die Antwort zu geben!)
13. Was steht vor dem Jagdmuseum und weist auf die Ausstellungsstücke hin?
14. Wer war der Architekt der Michaelskirche und wann wurde sie erbaut?
15. In der Fürstengruft der Michaelskirche sind einige Herrscher der Wittelsbacher begraben, darunter auch der Auftraggeber für das Schloss Neuschwanstein. Weißt du, wie er hieß und welchen Spitznamen er bereits zu Lebzeiten trug?
16. Das Karlstor trug früher einen anderen Namen. Weißt du, wie man es nannte? (Sieh dir das Tor einmal ganz genau aus der Richtung an, aus der wir gekommen sind! Vielleicht kannst du so einen Hinweis für die Antwort finden.)
17. Weißt du, wie der Karlsplatz noch genannt wird?
18. Schaffst du es, durch den Brunnen zu laufen, ohne dabei nass zu werden?

Die Antworten

1. Das damalige Odeon befindet sich im heutigen Innenministerium am Odeonsplatz 3.
2. Rechts steht »beharrlich« und links »gerecht«, zwei Attribute, welche die Tugenden des Königs beschreiben.
3. Die Architekten heißen Agostino Barelli (1627–1687) und Enrico Zuccalli (1642–1724). Sie kamen beide aus Italien.
4. Links steht der Heeresführer Johann t'Serclaes Graf von Tilly (1559–1632) aus dem heutigen Belgien, der Kurfürst Maximilian I. im Dreißigjährigen Krieg zur Seite stand, und rechts der bayerische Feldmarschall Carl Philipp Fürst von Wrede, der seinerzeit König Maximilian I. Joseph in den Napoleonischen Kriegen unterstützte.
5. Das Abendmahl.
6. Cuvilliés erbaute das Palais von 1733 bis 1737 im Auftrag des Kurfürsten Karl Albrecht.
7. Im Wappen des Hotels sind die königliche Krone enthalten sowie die Löwen und die weiß-blauen Rauten, die du auch im bayerischen Wappen wiederfindest.
8. Mithilfe des Salzes konnten die Menschen ihre Lebensmittel konservieren, was bis zu diesem Zeitpunkt in den warmen Sommermonaten nicht möglich gewesen war.
9. Ja! Das wurde im Jahr 2000 durch ein Volksbegehren beschlossen. 50,8% der Münchner Bevölkerung war dagegen, dass die traditionelle Skyline von München durch moderne Hochhäuser verändert wird.
10. Wider Erwarten ist der Teufelstritt ein einfacher Schuhabdruck. Ob das mit rechten Dingen zuging?!
11. Man nennt solch ein Scheingrab auch Kenotaph. Das Wort setzt sich zusammen aus den griechischen Wörtern »kenos« (das heißt »leer«) und »taphos« (das bedeutet »Grab«).
12. Der Turm bekam seinen Namen, weil er reich mit Fresken verziert war.
13. Ein Wildschwein aus Bronze.
14. Der Architekt Friedrich Sustris (1540–1599) erbaute die Kirche in den Jahren von 1588 bis 1597.
15. Es war König Ludwig II, der auch »Märchenkönig« genannt wird.
16. Bis zum 1. Mai 1792 nannte man das heutige Karlstor »Neuhauser Tor«, da es sich zu der Gemeinde Neuhausen hin öffnete.
17. Auf den Straßenschildern steht »Karlstor (Stachus)«.
18. Ich hoffe sehr!

Die runden Gebäude auf dem Karlsplatz wurden von dem Architekten Gabriel von Seidl erbaut.

6 Entdeckungstour durch den Olympiapark

Die Fragen

1. Weißt du, was die drei Buchstaben »BMW« bedeuten? B _ _ _ _ _ _ _ _ _ M _ _ _ _ _ _ -
   W _ _ _ _
2. Was steht auf dem Hochhaus links von dir?
3. Was steht auf dem Schild rechts neben dem Eingang?
4. Welche Stars haben sich auf der 9. und 10. Platte verewigt, wenn du die Reihe von
   links abzählst?
5. Welches Museum ist seit 2004 im Olympiaturm untergebracht?
6. Wie viele Startblöcke zählst du in der Schwimmhalle?
7. Welche Schwimmarten kennst du?
8. Wie heißen die beiden Münchner Profi-Fußballvereine, für die das Olympiastadion
   ihr Heimstadion war?
9. Welche Führungen werden im Olympiastadion angeboten?
10. Was schätzt du, wie hoch ist der Olympiaberg? ❏ 20 m   ❏ 60 m   ❏ 100 m
11. An wie vielen hohen Pfosten ist das Dach über dem Olympiastadion aufgehängt?

Die Antworten

1. BMW bedeutet Bayerische Motoren-Werke.
2. Auf dem Hochhaus steht O2.
3. Auf dem Schild neben dem Eingang steht Sea Life.
4. Auf der 9. Platte steht Simply Red und auf der 10. Platte DJ Bobo.
5. Hier befindet sich das Rock Museum Munich.
6. Es gibt insgesamt 16 Startblöcke.
7. Die verschiedenen Schwimmarten sind: Brust-, Delfin-, Rückenschwimmen und Kraulen.
8. Die beiden Vereine heißen FC Bayern München und TSV 1860 München.
9. Es gibt Stadion- und Zeltdachführungen und Abseil-Touren.
10. Der Olympiaberg ist 60 Meter hoch.
11. Das Olympiadach hängt an acht hohen Pfosten über dem Stadion: zwei große Masten mit etwa 70 Metern Höhe und sechs etwas kleinere.

Der Olympiaturm hat eine Gesamthöhe von 291 Metern und ein Gewicht von 52 500 Tonnen.

7 Das Forum der Künste zwischen Pinakotheken und Königsplatz

Die Fragen

1. Weißt du, was man in diesem Museum und auch in den anderen Pinakotheken betrachten kann?
2. Wann wurde die Alte Pinakothek erbaut?
3. Gleich in der Eingangshalle kannst du große Gemälde von verschiedenen Herrschern sehen. Wer sind sie denn?
4. Das allererste Bild, das für die Sammlung der heutigen Alten Pinakothek gemalt wurde, ist die »Schlacht bei Issus« (auch »Alexanderschlacht« genannt«). Kannst du herausfinden, wer dieses Bild gemalt hat?
5. Kannst Du zwei oder drei Namen von Künstlern herausfinden, deren Werk hier ausgestellt ist und von denen du möglicherweise sogar schon einmal etwas gehört hast?

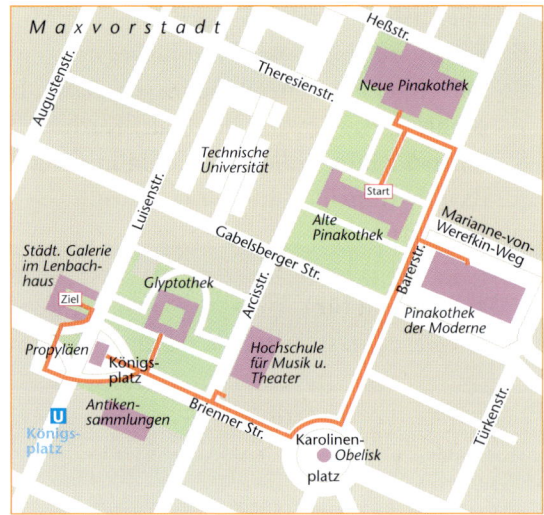

6. Wenn du in das Museum gehst, so kannst du in der rechten hinteren Ecke der Eingangshalle eine Statue entdecken: eine Mädchengestalt. Weißt du, was das für eine Mädchengestalt ist?
7. Die Pinakothek der Moderne beherbergt vier Museen unter einem Dach. Um welche Museen handelt es sich?
8. Wenn du noch vor der Pinakothek im Eingangsbereich stehst, siehst du einige Säulen. Wie viele sind es?
9. In der Inschrift auf dem Sockel des Obelisken kannst du lesen, dass der Obelisk am XVIII October MDCCCXXXIII vollendet wurde. Was bedeutet denn »XVIII« und »MDCCCXXXIII«? (Vielleicht haben deine Eltern bei dieser Frage eine Idee?)
10. Was ist im Haus mit der Hausnummer 4 untergebracht?
11. Im Zentralinstitut der Kunstgeschichte (ZI) in der Katharina-von-Bora-Straße 10 befindet sich auch ein Museum. Kannst du herausfinden, was man sich hier ansehen kann?
12. Kannst du herausfinden, welche Art von Kunstschätzen hier untergebracht ist?
13. Gleich rechts im ersten Ausstellungsraum siehst du eine Figurengruppe genau in der Mitte. Worum handelt es sich?
14. Schau dir nun einmal die beiden Tempel ganz genau an. Kannst du irgendwelche Unterschiede feststellen?
15. Wie viele Säulen kannst du in den Propyläen zählen.
16. Wie viele Brunnen gibt es in dem kleinen Park des Lenbachhauses?

Die Antworten

1. Es handelt sich hier um Gemäldegalerien, das heißt, du findest hier Bilder, die aus den unterschiedlichsten Ländern kommen und in fast 1 000 Jahren entstanden sind.
2. 1826 bis 1836.
3. Kurfürst Maximilian I., Max Emmanuel (dem wir die Rubenssammlung zu verdanken haben), Johann Wilhelm von der Pfalz, Kurfürst Karl Theodor und schließlich König Ludwig I. (der das Museum erbauen ließ).
4. Das Bild wurde von Albrecht Altdorfer im Jahre 1529 gemalt und von Herzog Wilhelm IV. als Grundstein für diese Sammlung erworben.
5. Da wären zum Beispiel Carl Spitzweg, Claude Monet oder Vincent van Gogh, die in vielen Kalendern oder auf Postkarten gedruckt werden und daher recht bekannt sind.

Die Rotunde in der Pinakothek der Moderne ist der Ausgangspunkt in die vier Sammlungen des Museums.

6. Es ist Flora, die römische Göttin der Blumen und Blüten. Die Gestalt wurde 1911 von Aristide Maillol (1861–1944) erschaffen.
7. Es sind die Sammlung Moderne Kunst, die Neue Sammlung, die Staatliche Graphische Sammlung und das Architekturmuseum.
8. Es sind 13 Säulen.
9. »XVIII« bedeutet 18 und »MDCCCXXXIII« bedeutet 1833. Es handelt sich bei dem Datum also um den 18. Oktober 1833.
10. Hier ist die Staatliche Lotterieverwaltung untergebracht, die dem Bayerischen Staatsministerium der Finanzen unterstellt ist und mehrere Spielbanken und das Lottogeschäft betreibt.
11. In diesem »Museum für Abgüsse klassischer Bildwerke« kannst du Abgüsse von Bildwerken sehen, deren Originale alle zwischen 2000 und 6000 Jahre alt sind und Götter und Göttinnen, Fabelwesen, Dichter und anderes darstellen. Der Museumsbesuch ist hier kostenlos.
12. Die Glyptothek ist ein Museum für griechische und römische Skulpturen.
13. Ein Knabe ringt mit einer Gans. Das Werk entstand 250 Jahre vor Christi Geburt.
14. Beispielsweise hat die Treppe der Antikensammlung viel mehr Stufen als die der Glyptothek. Darüber hinaus siehst du an der Fassade der Glyptothek sechs Figuren in Nischen. Oder schließlich sind die oberen Säulenenden unterschiedlich. Man nennt sie Kapitelle, ein Wort, das aus dem Lateinischen kommt und so viel wie »Köpfchen« bedeutet. Während jedes Kapitell der Glyptothek mit zwei Schneckenformen versehen ist – man nennt diesen Typ »ionisch« –, ist jedes Kapitell der Antikensammlung reich mit Blattwerk geschmückt. Diesen Typ nennt man »korinthisch«.
15. Es sind 28.
16. Es gibt drei Brunnen.

8 Nymphenburg-Tour

Die Fragen

1. Welches Tier steht vor dem Eingang zur Manufaktur?
2. Wie heißt das Museum, das sich in diesem Teil des Schlosses befindet?
3. Welche Tiere bewachen den Treppenaufgang zum Schloss?
4. Wenn du von hier in Richtung Kanal schaust, welchen Turm kannst du bei guter Sicht links vorne erkennen?
5. Wie viele Fenster kannst du an der Rückseite des Gebäudes erkennen?
6. Wie viele Vasen, Statuen (im Winter Abdeckungen) zählst du links von dir?
7. Was ist in der Mitte der Decke über dem Eingangsbereich dargestellt, und welche Materialien wurden verwendet?
8. Was steht auf den Eckpfosten der Brücke, und welche Tiere sind hier dargestellt?
9. Wie viele Balkone befinden sich außen am Gebäude?
10. Versuche herauszufinden, wo du dich gerade befindest!
11. Wer legte den Nymphenburger Schlosspark im französischen Stil an?
12. Wie viele Inseln gibt es im Badenburger See?
13. Über den runden Fenstern auf der Seeseite sind verschiedene Symbole (Sinnbilder) angebracht. Welche kannst du erkennen?

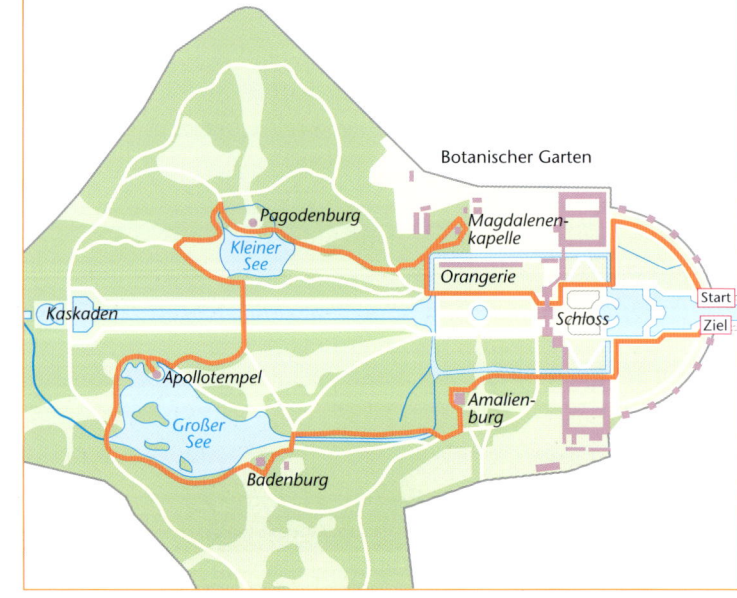

14. Auf dem Plan am Wegesrand findest du die Namen der einzelnen Häuschen. Wie heißt das Gebäude in der Mitte, zu dem ein kleiner Abzweig des Kanals führt?
15. Lauf einmal um das Schlösschen herum und finde heraus, wie viele Vasen auf dem Dach stehen!
16. Wie viele Schlupflöcher für die Hunde gibt es in diesem Raum?
17. Was befindet sich unter dem Gemälde von Maria Amalie?
18. Wie viele Kerzen hat der Leuchter im Spiegelsaal?
19. Was steht auf dem Herd in der Küche?
20. Wann wurde der Pavillon errichtet?
21. Weißt du, was in diesem Museum gezeigt wird?

Die Antworten

1. Auf der Wiese vor dem Eingang zur Manufaktur steht ein Papagei.
2. Das Museum im rechten Seitenflügel des Nymphenburger Schlosses heißt »Museum Mensch und Natur«.
3. Löwen bewachen den Treppenaufgang zum Schloss.
4. Wenn es nicht zu trüb ist, kann man deutlich den Olympiaturm erkennen.
5. Auf der Rückseite des Gebäudes gibt es 33 Fenster.
6. Ingesamt gibt es 24 Vasen und Statuen.
7. In der Mitte der Decke ist ein Stern aus Muscheln und Steinen abgebildet.
8. Auf den Eckpfosten der Brücke stehen mit Schlangen verzierte Vasen (Pokale).
9. Außen an der Pagodenburg gibt es insgesamt acht kleine Balkone.
10. Da, wo der rote Punkt ist, befindest du dich gerade im Park.
11. Angelegt wurde der Nymphenburger Schlosspark von Kurfürst Max Emanuel im ersten Viertel des 17. Jahrhunderts.
12. Es gibt insgesamt drei Inseln im Badenburger See.
13. Zu erkennen sind folgende Symbole: Löwe (Macht), Ritterhelm (Stärke), Drache (Gesundheit), Schild (Wachsamkeit), Schriftrolle (Gelehrsamkeit).
14. Das Gebäude heißt »Grünes Brunnhaus«.
15. Auf dem Dach der Amalienburg stehen 16 Vasen.
16. Insgesamt gibt es elf offene Schlupflöcher für die Hunde.
17. Unter dem Gemälde der Maria Amalie befindet sich eine Tür für die Dienstboten.
18. Der Leuchter in der Mitte des Spiegelsaals hat 33 Kerzen.
19. Auf dem Herd in der Küche stehen ein Grill, ein Spieß, ein Topf und eine Pfanne.
20. Der Pavillon im Prinzengärtchen wurde 1799 errichtet.
21. Im Marstallmuseum sieht man die Prunkschlitten und -kutschen der Wittelsbacher sowie verschiedene Lanzen und Pferdegemälde.

Picknick im Apollotempel am Badenburger See

Sach- und Personenregister

Impressum

Unser komplettes Programm:

www.j-berg-verlag.de

Produktmanagement: Carina Jungchen
Textlektorat: Anne Lagally, München
Layout: BUCHFLINK Rüdiger Wagner, Nördlingen
Kartografie: Achim Norweg, München
Repro: Cromika sas, Verona
Herstellung: Thomas Fischer
Printed in Italy by Printer Trento S.r.l.

Alle Angaben dieses Werkes wurden von den Autoren sorgfältig
recherchiert und auf den aktuellen Stand gebracht sowie vom Verlag
geprüft.
Für die Richtigkeit der Angaben kann jedoch keine Haftung über-
nommen werden.
Für Hinweise und Anregungen sind wir jederzeit dankbar.
Bitte richten Sie diese an:
J. Berg Verlag in der C. J. Bucher Verlag GmbH
Produktmanagement
Postfach 80 02 40
D-81602 München
E-Mail: lektorat@j-berg-verlag.de

Alle Bilder im Innenteil und auf dem Umschlag stammen von den
Autorinnen Cornelia Landensperger und Antje Martin.
Umschlag:
Umschlagvorderseite: Kleine und große Forscher studieren die Karte
vor dem Dianatempel im Hofgarten
Umschlagrückseite: Blick vom Olympiaberg über das Olympiagelände

Ein Titelsatz für diese Publikation ist bei der Deutschen National-
bibliothek erhältlich.